숫따니빠따
Sutta-Nipāta

이중표

전남대학교 철학과를 졸업한 뒤 동국대학교 대학원에서
불교학 석·박사 학위를 취득했다. 이후 전남대학교 철학과 교수로 재직했으며,
정년 후 동 대학교 철학과 명예교수로 위촉됐다. 호남불교문화연구소 소장,
범한철학회 회장, 불교학연구회 회장을 역임했으며,
현재 불교 신행 단체인 '붓다나라'를 설립하여 포교와 교육에 힘쓰고 있다.
저서로는 『정선 디가 니까야』, 『정선 맛지마 니까야』, 『정선 쌍윳따 니까야』,
『붓다의 철학』, 『니까야로 읽는 금강경』, 『니까야로 읽는 반야심경』, 『담마빠다』,
『불교란 무엇인가』, 『붓다가 깨달은 연기법』, 『근본불교』 외 여러 책이 있으며,
역서로 『붓다의 연기법과 인공지능』, 『불교와 양자역학』 등이 있다.

피안으로 가는 길

숫따니빠따
Sutta-Nipāta

이중표 역주

सुत्तनिपात

불광출판사

머리말

지난 5월에 『담마빠다(Dhammapada)』를 출간하고 이어서 『숫따니빠따(Sutta-Nipāta)』를 출간하게 되었다. 《니까야》를 정선(精選)하여 번역하고, 이를 엮어서 《불경》을 편찬하는 과정에서 작년 9월에 『정선 앙굿따라 니까야』의 번역을 마쳤다. 이어서 『숫따니빠따』와 『담마빠다』는 완역하여 실을 생각으로 지난 2월에 『숫따니빠따』의 번역을 마쳤고, 4월에 『담마빠다』의 번역을 마쳤다. 이렇게 『숫따니빠따』와 『담마빠다』의 번역을 마침으로써 《불경》에 수록할 경전의 번역 작업은 일단락되었다. 이와 같이 번역은 『숫따니빠따』가 『담마빠다』보다 먼저 이루어졌다. 그런데 『담마빠다』를 부처님오신날에 맞추어 선보이기 위해서 먼저 출간하였고, 바로 이어서 『숫따니빠따』를 출간하게 되었다. 『정선 앙굿따라 니까야』는 『숫따니빠따』에 이어서 출간할 예정이다.

『숫따니빠따』는『담마빠다』와 함께 5부 니까야 가운데『쿳다까 니까야(Khuddakanikāya)』에 들어 있는 운문 형식의 불경(佛經)으로서 학자들은 이들이 아쇼카왕(BC.268~232 재위) 이전에 성립된 것으로 추정하고 있다.『숫따니빠따』는 '불경[經]'을 의미하는 '숫따(Sutta)'와 '모아놓은[集]'을 의미하는 '니빠따(Nipāta)'의 합성어로서 '불경을 모아놓은 책'이라는 의미. '불경을 모아놓은 책'이라는 의미의 이름이 보여주듯이『숫따니빠따』에는 72개의 숫따(經)가 수록되어 있다. 문장은 주로 가타(gāthā; 偈), 즉 1행이 8음절로 된 4행의 법구(法句)의 형식으로 되어 있는데, 1,149개의 가타(偈)가 72개의 숫따 속에 배치되어 있으며, 72개의 숫따는 다섯 개의 왁가(vagga; 品, 章) 속에 들어 있다. 이 경들은 처음부터『숫따니빠따』라는 이름으로 결집된 것이 아니고, 다섯 개의 왁가가 각각 독립된 경전으로 유통되다가 어느 시기에 하나로 결집됨으로써 '불경 모음'이라는 의미의『숫따니빠따』라는 이름을 얻게 된 것이다.

『숫따니빠따』는 마지막 장의 이름이 보여주듯이 '피안으로 가는 길'을 알려주는 경으로서, 문장의 형식이 간결하고 내용이 쉽기 때문에 남방불교권에서는 일찍부터 널리 사랑을 받아왔다. 그러나 한역(漢譯) 경전 중에는 이에

상응하는 경이 없기 때문에 대승불교권에는 일본에서 20세기에 번역되어 출간됨으로써 비로소 알려졌다. 우리나라에서는 법정 스님이 1991년 일본의 《남전대장경(南傳大藏經)》에 수록된 『숫따니빠따』의 일본어 번역본을 우리말로 번역하여 처음으로 소개하였다.

법정 스님의 일본어 번역판 이후에 2004년 전재성 박사의 빠알리어 원본 번역이 출간되었고, 이 밖에도 여러 분이 번역하여 출판하였다. 이와 같이 『숫따니빠따』는 많은 분의 번역에 의해서 이미 우리에게 익숙한 불경이 되었다. 그럼에도 불구하고 역자가 다시 이 경을 번역하게 된 것은 기존의 번역본에 만족하지 못했기 때문이다.

이 경은 주로 운문 형식인 가타로 이루어져서 노래하도록 되어 있다. 그렇지만 법정 스님도 지적했듯이, 시의 형식으로 된 운문의 운율을 유지하면서 언어의 구조가 다른 말로 번역하는 데는 많은 어려움이 있다. 그래서 기존의 번역본들은 의미를 전달하는 데 치중하여 모두 산문으로 옮겼다. 그런데 기존의 번역본들은 산문 형식임에도 불구하고 의미가 명쾌하게 드러나지 않은 부분들이 적지 않았다. 그래서 역자는 원전의 의미를 손상하지 않고 명쾌한 의미를 드러내면서 운문의 형식을 취하여 우리말로도 노래할 수 있도록 우리말 리듬을 생각하면서 번역하였다.

이 경의 번역에 많은 분들의 도움과 노고가 있었다. 마음 편하게 번역에 전념할 수 있도록 모든 편의를 제공하시는 보해 임성우 회장님께 깊이 감사드린다. 원고를 꼼꼼히 살펴서 교정해주신 담연, 보령, 명인, 그리고 조근영 법우님께 감사드린다. 책의 출판을 위해 항상 정성을 다하는 불광출판사의 편집부 여러분께도 감사드린다. 마지막으로 함께 공부하면서 항상 큰 힘이 되어주시는 붓다나라 법우님들께 깊이 감사드린다.

『담마빠다』와 마찬가지로 『숫따니빠따』도 많은 분들의 정성어린 성금으로 초판 1,000부를 법보시할 수 있게 되었다. 성금을 보내주신 여러 법우님께 깊이 감사드리며, 부처님의 가르침을 세상에 펴는 기쁨을 함께 나누고 싶다.

2023년 6월
붓다나라 장주선실에서 이중표 합장

차례

제2장
쭐라 왁가(Cūla-vagga)_ 소품(小品)

제3장
마하 왁가(Mahā-vagga)_ 대품(大品)

제4장
앗타까 와가(Aṭṭhaka-vagga)_8송품(八頌品)

제5장
빠라야나 왁가(Pārāyana-vagga)_ 피안(彼岸)으로 가는 길

제 1 장

우라가 왁가
Uraga-vagga

뱀

해제

제1장 「우라가 왁가(Uraga-vagga)」는 12개의 숫따(經)로 구
성되어 있고, 그 속에 221개의 가타(偈)가 들어 있다. 이 왁
가(章)의 이름은 첫 번째 숫따인 「우라가-숫따(Uraga-sutta)」
의 이름을 빌린 것이다. '우라가(uraga)'는 '뱀'을 의미한다.
「우라가-숫따」의 모든 가타는 '높고 낮은 중생세계 다 버
린다. 뱀들이 묵은 허물 벗어버리듯'이라는 후렴구를 가
지고 있다. 이 경의 이름을 '우라가', 즉 '뱀'이라고 한 것은
이 후렴구 때문이다.

　　이 장에는 우리에게 '무소의 뿔처럼'으로 잘 알려
진 「칵가위싸나-숫따(Khaggavisaṇa-sutta)」와 소 치는 다니
야(Dhaniya)와 붓다의 대화를 담은 「다니야-숫따(Dhaniya-
sutta)」, 그리고 농사짓는 바라문과의 대화를 담은 「까씨바
라드와자 숫따(Kasibhāradvāja-sutta)」 등, 『숫따니빠따』를 대표

하는 경들이 다수 들어 있다. 이들 경에 대한 설명은 각각
의 경에서 하기로 한다.

1

우라가-숫따
Uraga-sutta

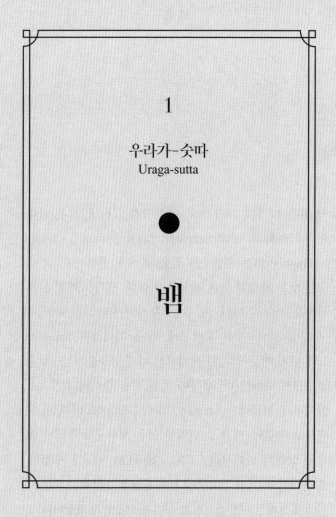

뱀

해제

이 경은 17개의 가타(偈)로 이루어져 있는데, 모든 가타는 "so bhikkhu jahāti orapāraṃ urago jiṇṇam iva tacaṃ purāṇaṃ"이라는 후렴구로 끝을 맺는다. 번역하면 '그 비구는 낮은 세상과 높은 세상을 버린다. 뱀이 오래된 낡은 허물을 (버리듯이)'이다. 이 경을 「우라가 숫따(Uraga-sutta)」라고 명명(命名)한 것은 후렴구에 '뱀'을 의미하는 'urago'가 들어 있기 때문이다. 이 책에서는 이 후렴구를 "높고 낮은 중생세계 다 버린다. 뱀들이 묵은 허물 벗어버리듯"으로 번역했다. 원문에는 'urago(뱀)'가 단수형(單數形)인데, 이 책에서 복수형인 '뱀들'로 번역한 것은 후렴구의 우리말 운율을 살리기 위해서다. 그리고 'bhikkhu(비구)'를 '수행자'로 번역한 것은 이 경의 가르침이 불교를 수행하는 모든 사람에게 설해진 가르침이라는 의미를 강조하기 위함이다.

'높고 낮은 중생세계'로 번역한 'orapāraṃ'은 '낮은 (below), 저열한(inferior), 뒤의(posterior)'의 의미를 지닌 형용사 'oraṃ'과 '건너(beyond), 높은(over)'의 의미를 지닌 형용사 'pāra'가 결합한 중성명사로서 '낮고 높은 세계(the lower and higher worlds)'를 의미한다. 그런데 이 부분을 법정 스님이 '이 세상과 저 세상'으로 처음 번역했고, 이후의 번역은 대부분 법정 스님의 번역을 따르고 있다. 그런데 법정 스님의 번역은 '이 세상과 저 세상'이 구체적으로 무엇을 의미하는지 모호하다. 불교에서는 생사(生死)를 겪는 중생의 세계를 3계(三界), 즉 욕계(欲界), 색계(色界), 무색계(無色界)라고 하며, 이러한 중생의 세계는 가장 낮은 욕계에서 가장 높은 무색계의 비유상비무상처(非有想非無想處)까지 수많은 세계가 존재한다. 이 경에서는 이러한 중생의 높고 낮은 세계를 버리고 열반을 성취할 것을 가르치며, 'orapāraṃ'은 이러한 높고 낮은 중생의 세계를 의미한다. 이 책에서는 의미를 보다 명확하게 드러내기 위하여 "높고 낮은 중생세계"로 번역했다.

이 경에서는 뱀이 허물을 벗듯이 탐(貪)·진(瞋)·치(癡) 3 독(三毒)을 버리고 세간을 벗어나 열반에 도달할 것을 가르친다.

Sn. 0001.

몸에 퍼진 뱀독을 약초로 다스리듯
치미는 화를 다스리는 수행자는
높고 낮은 중생세계 다 버린다.
뱀들이 묵은 허물 벗어버리듯.

Sn. 0002.

연못에 뛰어들어 연꽃을 꺾듯
남김없이 탐욕을 끊어버린 수행자는
높고 낮은 중생세계 다 버린다.
뱀들이 묵은 허물 벗어버리듯.

Sn. 0003.

흐르는 급류를 말려버리듯
남김없이 갈애(渴愛)를 말려버린 수행자는
높고 낮은 중생세계 다 버린다.
뱀들이 묵은 허물 벗어버리듯.

Sn. 0004.

엉성한 갈대 다리 폭류(暴流)가 쓸어가듯
남김없이 아만(我慢)을 뽑아버린 수행자는
높고 낮은 중생세계 다 버린다.
뱀들이 묵은 허물 벗어버리듯.

Sn. 0005.

찾아봐도 무화과에 꽃이 없듯이
존재 속에 실체 없음 깨달은 수행자는
높고 낮은 중생세계 다 버린다.
뱀들이 묵은 허물 벗어버리듯.

Sn. 0006.

마음속에는 원한이 없고,
있고 없기 바람을♦ 벗어난 수행자는
높고 낮은 중생세계 다 버린다.
뱀들이 묵은 허물 벗어버리듯.

♦ 'itibhavābhavataṃ'의 번역. 어떤 것이 존재하기를 바라거나 존재하지 않기를
   바라는 희망을 의미한다.

Sn. 0007.

남김없이 사변(思辨)을 털어버리고
내면을 아름답게 가꾸는 수행자는
높고 낮은 중생세계 다 버린다.
뱀들이 묵은 허물 벗어버리듯.

Sn. 0008.

지나치지 않고 물러서지 않고◆
모든 희론(戲論)을 넘어선◆◆ 수행자는
높고 낮은 중생세계 다 버린다.
뱀들이 묵은 허물 벗어버리듯.

◆ 'nāccasārī na paccasārī'의 번역. 수행을 지나치게 하거나 도중에 뒤로 물러서
  지 말라는 의미이다.
◆◆ 'sabbaṃ accagamā imaṃ papañcaṃ'의 번역. 『맛지마 니까야』 18. 「꿀덩어리
  경(Madhupiṇḍika-sutta)」에 의하면, '희론(戲論)'으로 번역한 'papañca'는 '대상을 개
  념적으로 인식하고 논리적으로 추리(推理)하여 만든 이론'을 의미한다. 붓다는
  관념적인 이론에서 벗어나 사실을 있는 그대로 볼 것을 강조했다.

Sn. 0009.
지나치지 않고 물러서지 않고
세간 모두 허망(虛妄)함을 잘 아는 수행자는
높고 낮은 중생세계 다 버린다.
뱀들이 묵은 허물 벗어버리듯.

Sn. 0010.
지나치지 않고 물러서지 않고
모든 허망 알고서 욕심 버린 수행자는
높고 낮은 중생세계 다 버린다.
뱀들이 묵은 허물 벗어버리듯.

Sn. 0011.
지나치지 않고 물러서지 않고
모든 허망 알고서 탐심(貪心) 버린 수행자는
높고 낮은 중생세계 다 버린다.
뱀들이 묵은 허물 벗어버리듯.

Sn. 0012.

지나치지 않고, 물러서지 않고,

모든 허망 알고서 진심(瞋心) 버린 수행자는

높고 낮은 중생세계 다 버린다.

뱀들이 묵은 허물 벗어버리듯.

Sn. 0013.

지나치지 않고, 물러서지 않고,

모든 허망 알고서 치심(癡心) 버린 수행자는

높고 낮은 중생세계 다 버린다.

뱀들이 묵은 허물 벗어버리듯.

Sn. 0014.

그 어떤 타성(惰性)에도 빠지지 않고

뿌리째 불선(不善)을 뽑아버린 수행자는

높고 낮은 중생세계 다 버린다.

뱀들이 묵은 허물 벗어버리듯.

Sn. 0015.
근심하면 이 세상에 다시 오나니
그 어떤 근심도 하지 않는 수행자는
높고 낮은 중생세계 다 버린다.
뱀들이 묵은 허물 벗어버리듯.

Sn. 0016.
욕정 품어 존재에 속박되나니
그 어떤 욕정도 품지 않는 수행자는
높고 낮은 중생세계 다 버린다.
뱀들이 묵은 허물 벗어버리듯.

Sn. 0017.
다섯 가지 장애를 모두 버리고
의심의 화살을 뽑아버린 수행자는
높고 낮은 중생세계 다 버린다.
뱀들이 묵은 허물 벗어버리듯.

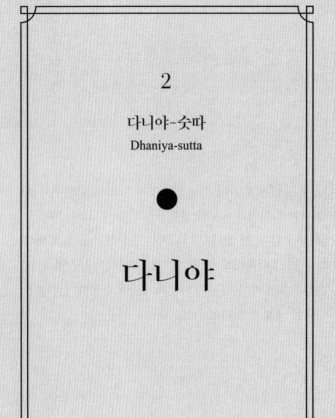

2

다니야-숫따
Dhaniya-sutta

●

다니야

해제

이 경은 17개의 가타(偈)로 이루어져 있으며, 강변에서 소를 치는 다니야(Dhaniya)와 붓다가 대화를 주고받는 형식으로 되어 있다. 이 경에서 다니야는 충분한 소유를 통해서 걱정 없이 행복하게 살 수 있다고 생각하는 중생들을 대변하고 있으며, 붓다는 우리에게 무소유를 통해서 진정한 행복을 얻을 수 있다고 가르친다.

Sn. 0018.

소 치는 다니야가 말하기를,

나는 밥도 지었고, 우유도 짜놓았다.

마히야(Mahiyā) 강변에서 가족과 산다.

움막 지붕은 잘 이었고, 불은 충분히 지펴놓았다.

하늘이여, 비를 내릴 테면 내려라!

Sn. 0019.

세존께서 말씀하시기를,

나는 성내지 않고, 마음 활짝 열어놨다.♦

마히야 강변에서 하룻밤을 지낸다.

움막은 지붕 없고, 불은 꺼졌다.

하늘이여, 비를 내릴 테면 내려라!

♦ 'akkodhano vigatakhīlo 'ham asmi'의 번역. 'vigatakhīlo'는 '꽉 막힌 마음(khīla)
   에서 멀리 떠난'의 의미인데, 여기서는 '마음을 활짝 열었다'는 의미로 번역함.

Sn. 0020.

소 치는 다니야가 말하기를,
쇠파리는 보이지 않고
무성한 풀밭에는 소가 풀을 뜯고 있다.
비가 와도 견딜 수 있을 터이니
하늘이여, 비를 내릴 테면 내려라!

Sn. 0021.

세존께서 말씀하시기를,
잘 엮어서 뗏목을 만들어
거센 물결 헤치고 피안(彼岸)으로 건너갔다.
나는 뗏목이 필요 없으니
하늘이여, 비를 내릴 테면 내려라!

Sn. 0022.

소 치는 다니야가 말하기를,
내 아내는 충실하고 욕심이 없다.
오랜 세월 행복하게 함께 살았다.
그녀가 나쁘다는 어떤 말도 듣지 못했다.
하늘이여, 비를 내릴 테면 내려라!

Sn. 0023.

세존께서 말씀하시기를,
내 마음은 충실하고 해탈했다.
오랜 세월 길들이고 수련했다.
나에게는 사악(邪惡)한 어떤 것도 없다.
하늘이여, 비를 내릴 테면 내려라!

Sn. 0024.

소 치는 다니야가 말하기를,
나는 내가 벌어서 자녀를 부양(扶養)한다.
내 아들은 모두가 건강하다.
그들이 나쁘다는 어떤 말도 듣지 못했다.
하늘이여, 비를 내릴 테면 내려라!

Sn. 0025.

세존께서 말씀하시기를,
나는 그 누구의 하인(下人)도 아니다.
얻은 것으로 온 세상을 돌아다닌다.
나에게는 품삯이 필요 없다.
하늘이여, 비를 내릴 테면 내려라!

Sn. 0026.

소 치는 다니야가 말하기를,

암소도 있고 어미 소도 있고

수송아지도 있고 암송아지도 있다.

황소도 있고 대장 소도 있다.

하늘이여, 비를 내릴 테면 내려라!

Sn. 0027.

세존께서 말씀하시기를,

암소도 없고 어미 소도 없고

수송아지도 없고 암송아지도 없다.

황소도 없고 대장 소도 없다.

하늘이여, 비를 내릴 테면 내려라!

Sn. 0028.

소 치는 다니야가 말하기를,

움직이지 않게 말뚝을 박았다.

문자(muñja) 풀로 잘 만든 새 밧줄은

어미 소도 끊을 수가 없다.

하늘이여, 비를 내릴 테면 내려라!

Sn. 0029.
세존께서 말씀하시기를,
황소처럼 결박을 끊고
큰 코끼리[龍象]처럼 악취 내는 덩굴을 뭉개버리고
나는 다시는 모태(母胎)에 가지 않으리니
하늘이여, 비를 내릴 테면 내려라!

Sn. 0030.
그때 갑자기 큰 폭우가 쏟아져서
낮은 땅이 빗물로 가득 찼다.
하늘이 비 내리는 소리를 듣고
다니야가 말하기를

Sn. 0031.
우리가 세존을 뵙고
얻은 이익이 참으로 많습니다.
우리는 눈을 지닌 분께 귀의합니다.
위대한 성자여! 당신은 우리의 스승입니다.

Sn. 0032.

아내와 저는 충실합니다.

선서(善逝)님 밑에서 범행(梵行) 닦겠나이다.

우리는 생사의 피안에 가서

괴로움을 끝내도록 하겠나이다.

Sn. 0033.

마라(Māra) 빠삐만(Pāpiman)이 말하기를,

아들을 가진 사람은 아들 때문에 기뻐하고

소를 가진 사람은 소 때문에 기뻐한다.

사람의 기쁨은 가진 것 때문이니

가진 것이 없는 사람 기뻐할 것이 없다.

Sn. 0034.

세존께서 말씀하시기를,

아들 가진 사람은 아들 때문에 슬퍼하고

소를 가진 사람은 소 때문에 슬퍼한다.

사람의 슬픔은 가진 것 때문이니

가진 것이 없는 사람 슬퍼할 것이 없다.

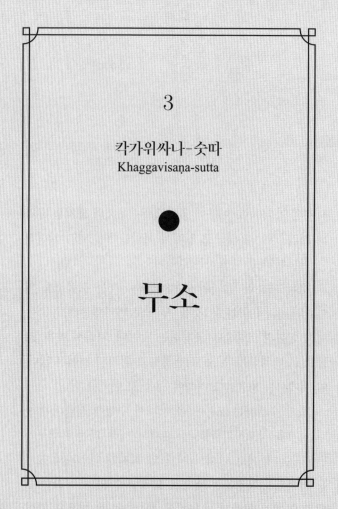

3

칵가위싸나-숫따
Khaggavisaṇa-sutta

●

무소

해제

41개의 가타(偈)로 이루어진 이 경은 "무소의 뿔처럼 혼자서 가라."라는 후렴구로 인해서 사람들에게 널리 알려진 『숫따니빠따』를 대표하는 경이다.

경의 이름인 '칵가위싸나(Khaggavisaṇa)'는 코뿔소를 의미한다. 이 책에서는 이것을 '무소'로 번역했는데, 무소는 여러 종류의 코뿔소를 총칭하는 말이다. 따라서 이를 '코뿔소'로 번역하든 '무소'로 번역하든 의미의 차이는 없다. 이 책에서는 운율을 고려하여 '무소'로 번역했다.

출가 수행자는 모든 것을 떠나서 수행에 전념해야 한다는 것을 강조하기 위해서 '혼자서 가라.'라는 후렴구가 반복되는데, 이로 인해서 이 경의 취지가 타인과의 교제를 전적으로 부정하는 것으로 오해할 수 있다. 이러한 오해를 없애기 위해서 제45게와 제47게에서 다음과 같이 노래한다.

"신념을 가지고 착하게 사는
현명한 동료나 도반 얻으면
즐겁게 모든 난관 극복하면서
마음 모아 그들과 함께 가라!"(제45게)

"좋은 동료 얻는 것을 우리는 찬탄한다.
낫거나 동등한 친구를 사귀어라!
그런 친구 없으면 허물을 짓지 말고
무소의 뿔처럼 혼자서 가라!"(제47게)

이 경에서 이야기하고자 하는 것은 좋은 도반들과 함께
수행하는 것이 좋지만, 함께할 도반이 없으면 혼자서라도
수행자의 길을 가야 한다는 것이다.

Sn. 0035.

모든 생명에게 폭력을 내려놓고
살아 있는 어떤 것도 해치치 말라!
자녀도 기대 말라! 하물며 친구이랴!
무소의 뿔처럼 혼자서 가라!

Sn. 0036.

교제(交際)하는 가운데 애정이 생기고
애정을 따라서 괴로움이 생긴다.
애정에서 생기는 재난을 보고
무소의 뿔처럼 혼자서 가라!

Sn. 0037.

친구와 동료를 연민하다가
마음이 얽매이면 목표를 잃게 된다.
친교(親交)에서 이러한 두려움 보고
무소의 뿔처럼 혼자서 가라!

Sn. 0038.

커다란 대나무 가지가 뒤엉키듯
처자식(妻子息)을 애착함도 마찬가지다.
들러붙지 않는 죽순과 같이
무소의 뿔처럼 혼자서 가라!

Sn. 0039.

숲속에서 묶이지 않은 사슴이
마음대로 풀을 찾아 돌아다니듯
현명한 사람은 자유를 찾아
무소의 뿔처럼 혼자서 가라!

Sn. 0040.

집에서 머물거나, 여행하고 유행(遊行)할 때
친구들과 함께하면 요청(要請)이 있다.
욕심 없는 사람은 자유를 찾아
무소의 뿔처럼 혼자서 가라!

Sn. 0041.

친구들과 함께하면 놀이에 빠져들고
자녀들과 함께하면 사랑이 커진다.
사랑하는 것들과 헤어지기 싫으면
무소의 뿔처럼 혼자서 가라!

Sn. 0042.

어떤 것이든 얻은 것에 만족하면
사방 천지에 거리낄 것이 없다.
위험에 처해서도 두려움 없이
무소의 뿔처럼 혼자서 가라!

Sn. 0043.

어떤 출가자는 함께하기 어렵다.
집에 사는 재가자도 마찬가지다.
다른 사람 아들들에 관심 두지 말고♦
무소의 뿔처럼 혼자서 가라!

♦   'appossukko paraputtesu hutvā'의 번역. 타인에게 관심 두지 말라는 의미이다.

Sn. 0044.

낙엽이 져버린 꼬윌라라(koviḷāra) 나무처럼
재가자의 속된 습성 떨쳐버리고
재가자의 속박을 끊어버린 영웅은
무소의 뿔처럼 혼자서 가라!

Sn. 0045.

신념을 가지고 착하게 사는
현명한 동료나 도반 얻으면
즐겁게 모든 난관 극복하면서
마음 모아 그들과 함께 가라!

Sn. 0046.

신념을 가지고 착하게 사는
현명한 동료나 도반 없으면
대왕이 정복한 국토 버리듯
무소의 뿔처럼 혼자서 가라!

Sn. 0047.
좋은 동료 얻는 것을 우리는 찬탄한다.
낮거나 동등한 친구를 사귀어라!
그런 친구 없으면 허물을 짓지 말고
무소의 뿔처럼 혼자서 가라!

Sn. 0048.
세공사가 황금으로 예쁘게 만든
찬란하게 빛나는 팔찌 두 개가
팔에서 부딪치는 모습을 보고
무소의 뿔처럼 혼자서 가라!

Sn. 0049.
이와 같이 둘이서 함께 있으면
잡담(雜談)이나 말다툼이 일어나리니
이러한 두려움을 미리 보고서
무소의 뿔처럼 혼자서 가라!

Sn. 0050.
사랑스런 갖가지 달콤한 쾌락들은
다양한 모습으로 마음을 휘젓는다.
감각적 쾌락에서 위험을 보고
무소의 뿔처럼 혼자서 가라!

Sn. 0051.
이와 같이 쾌락은 종기처럼 위험하다.
질병이나 화살처럼 두려운 것이다.
감각적 쾌락에서 두려움 보고
무소의 뿔처럼 혼자서 가라!

Sn. 0052.
추위와 더위 굶주림과 목마름
바람과 햇빛 쇠파리와 뱀
이 모든 것을 견디어내고
무소의 뿔처럼 혼자서 가라!

Sn. 0053.
어깨가 벌어지고 연꽃 문양 점이 있는
거대한 코끼리가 무리를 피해 나와
숲속에서 제 맘대로 살아가듯이
무소의 뿔처럼 혼자서 가라!

Sn. 0054.
친구들과 어울리기 좋아하는 사람은
잠시도 해탈에 이를 수 없다.
태양족의 이 말을 명심하고서
무소의 뿔처럼 혼자서 가라!

Sn. 0055.
옥신각신 다투는 이론(理論)에서 벗어나
해탈에 이르는 길을 얻은 사람은
이제는 알았으니 남의 지도 필요 없다.
무소의 뿔처럼 혼자서 가라!

Sn. 0056.

욕심 없이 거짓 없이 갈망 없이 위선 없이
폭력이나 어리석음 남김없이 소멸하고
세간의 모든 애착 벗어버리고
무소의 뿔처럼 혼자서 가라!

Sn. 0057.

나쁜 일에 빠져서 못된 일만 일삼는
사악한 친구들을 멀리하라!
스스로 나태(懶怠)에 빠지지 말고
무소의 뿔처럼 혼자서 가라!

Sn. 0058.

많이 배워 법(法)을 알고 재치가 있는
훌륭한 친구를 가까이하라!
많은 이익 있을지니 의심 버리고
무소의 뿔처럼 혼자서 가라!

Sn. 0059.

세간에서 오락이나 쾌락의 즐거움을
누리려 하지 말고 바라지 말라!
꾸미지 말고 진실만을 말하고
무소의 뿔처럼 혼자서 가라!

Sn. 0060.

처자(妻子)도 버리고, 부모(父母)도 버리고
재산도 곡물(穀物)도 친척도 버리고
아낌없이 모든 욕망 다 버리고
무소의 뿔처럼 혼자서 가라!

Sn. 0061.

집착하면 행복과 만족은 적고
거기에는 괴로움이 많게 되나니
낚시 바늘 알아차린 현명한 사람은
무소의 뿔처럼 혼자서 가라!

Sn. 0062.

물속에서 물고기가 그물을 찢듯이
불탄 곳에 불이 다시 오지 않듯이
모든 결박을 끊어버리고
무소의 뿔처럼 혼자서 가라!

Sn. 0063.

눈을 내리뜨고 똑바로 걸어가라!
지각활동 지켜보고 마음을 단속하며
번뇌에서 벗어나 불길에서 벗어나
무소의 뿔처럼 혼자서 가라!

Sn. 0064.

잎사귀가 떨어진 빠리찻따(pārichatta) 나무처럼
재가자의 속된 습성 떨쳐버리고
가사를 입고 집에서 나와
무소의 뿔처럼 혼자서 가라!

Sn. 0065.

맛을 탐하거나 동요하지 말고
홀로♦ 이 집 저 집 차례로 걸식하며
어떤 집에도 마음을 두지 말고
무소의 뿔처럼 혼자서 가라!

Sn. 0066.

마음의 다섯 가지 장애[五蓋] 없애고
더러운 번뇌를 모두 내쫓고
애정과 악의(惡意) 끊고 자유를 얻어
무소의 뿔처럼 혼자서 가라!

Sn. 0067.

이전에 느꼈던 괴로움도 즐거움도
만족도 불만도 마음에 두지 말고
청정한 평정심과 싸마타(samatha)를 성취하여
무소의 뿔처럼 혼자서 가라!

♦ 'anaññaposī'의 번역. '남에게 의존하지 않는'의 의미인데, '홀로'로 번역함.

Sn. 0068.
최상의 목적을 이루기 위해
마음을 가다듬어 나태하지 말고
강력한 힘을 갖춰 용맹하게 정진하며
무소의 뿔처럼 혼자서 가라!

Sn. 0069.
홀로 앉아 열심히 선정(禪定)을 닦고
언제나 가르침에 따르는 사람은
무엇이 재앙인지 파악하고서
무소의 뿔처럼 혼자서 가라!

Sn. 0070.
게으름 피우지 말고 갈애를 소멸하라!
귀머거리 되지 말고 많이 듣고 집중하라!
가르침을 헤아려서 힘써 정진하라!
무소의 뿔처럼 혼자서 가라!

Sn. 0071.

소리에 놀라지 않는 사자처럼
그물에 걸리지 않는 바람처럼
진흙탕에 물들지 않는 연꽃처럼
무소의 뿔처럼 혼자서 가라!

Sn. 0072.

억센 이빨로 짐승들을 제압하는
백수의 왕 사자가 승리를 거둔 후에
한적한 외딴 곳에 즐겨가듯이
무소의 뿔처럼 혼자서 가라!

Sn. 0073.

자애심(慈愛心) 평정심(平靜心) 연민심(憐愍心) 해탈심(解脫心)
그리고 희심(喜心)을 수시로 실천하여
세간의 모든 것에 방해받지 말고
무소의 뿔처럼 혼자서 가라!

Sn. 0074.
탐욕 분노 어리석음 다 버리고
모든 결박을 남김없이 깨부수고
목숨이 끊어져도 무서워 말고
무소의 뿔처럼 혼자서 가라!

Sn. 0075.
이익을 위하여 사귀고 교제한다.
목적 없는 친구는 얻기 어렵다.
이익에 밝은 사람 순수하지 않으니
무소의 뿔처럼 혼자서 가라!

4

까씨 바라드와자-숫따
Kasi-bhāradvāja-sutta

●

밭 가는
바라문

해제

『쌍윳따니까야』의 제7 「바라문-쌍윳따(Brāhmaṇa-saṃyutta)」
에도 이 경과 동일한 이름과 내용의 경(S.7.9.)이 있다. 이
경은 산문과 운문이 혼합된 형태로서 운문 형식의 가타
(偈)는 일곱 개이다. 경의 이름인 '까시 바라드와자(Kasi-
bhāradvāja)'는 '농사, 경작'을 의미하는 'kasi'와 유명한 바라
문 가문의 이름인 'bhāradvāja'의 합성어로서 '농사짓는
바라드와자 가문의 바라문'을 의미한다.

이 경은 붓다가 "나도 밭을 간다."라는 유명한 말을 남
긴 경으로서 불교 수행을 농사짓는 것에 비유하여 이야기
한 것이다. 그런데 이 경이 우리에게 주는 중요한 가르침
은 다음과 같은 말씀이다.

"게송 읊어 받은 음식 먹을 수 없네.
바르게 보는 자의 법(法)이 아니네.
깨달은 이들은 품삯 받지 않는다네.
바라문이여, 그것이 옳은 법이라네."(제81게)

종교가 상업화되어 설교나 설법의 대가를 받는 것이 일상
이 된 현재, '깨달은 이들은 품삯을 받지 않는다'는 붓다의
말씀은 많은 것을 생각하게 한다.

⊙

이와 같이 나는 들었습니다.

한때 세존께서 마가다(Magadha) 국의 닥키나기리(Dakkhi ṇāgiri)에 있는 에까날라(Ekanāḷa) 바라문 마을에 머무실 때, 까씨 바라드와자 바라문은 파종기(播種期)에 즈음 하여 500개의 쟁기를 멍에에 묶고 있었습니다. 세존 께서는 아침에 옷을 입고, 발우와 법의를 지니고 까 씨 바라드와자 바라문이 일하는 곳을 찾아가서 한쪽 에 서 있었습니다. 그때 까씨 바라드와자 바라문은 음식을 나누어주고 있었습니다. 까씨 바라드와자 바 라문은 탁발하기 위해 서 있는 세존을 보았습니다. 그는 세존에게 이렇게 말했습니다.

"사문이여, 나는 밭을 갈고, 씨를 뿌립니다. 나는 밭 을 갈고, 씨를 뿌린 후에 먹습니다. 사문이여, 그대도 밭을 갈고, 씨를 뿌리세요. 그대도 밭을 갈고, 씨를 뿌린 후에 먹으세요."

"바라문이여, 나도 밭을 갈고, 씨를 뿌린다오. 나도 밭을 갈고, 씨를 뿌린 후에 먹는다오."

"우리는 고따마 존자의 멍에나 쟁기나 보습이나 회 초리나 밭을 가는 소들을 보지 못했다. 그런데 고따마 존자는 '나도 밭을 갈고, 씨를 뿌린다. 나도 밭을 갈고, 씨를 뿌린 후에 먹는다.'라고 말하는구나."
이렇게 생각한 까씨 바라드와자 바라문은 세존에게 게송으로 말을 걸었습니다.

Sn. 0076.
그대는 자신을 농부라고 말하지만
농사짓는 것을 나는 보지 못했다오.
그대가 농부라면 말해보세요.
어떻게 짓는지 알고 싶군요.

Sn. 0077.
믿음은 씨앗, 수행은 비
통찰지[般若]는 나의 멍에와 쟁기
부끄러움은 끌채, 마음은 멍에끈,
주의집중은◆ 나의 보습과 회초리.

◆ 'sati'의 번역.

Sn. 0078.
몸가짐 조심하고, 말조심하고,
음식은 양에 맞게 절제를 하며
진리로 잡초를 베어낸다네.
온화함은 나의 휴식이라네.♦

Sn. 0079.
지고의 행복[瑜伽安穩]을 실어 나르는
짐을 진 나의 소는 정진(精進)이라네.
물러서지 않고 나아간다네.
그가 간 곳에는 걱정이 없다네.

Sn. 0080.
나는 농사를 이와 같이 짓는다네.
불사(不死)가 이 농사의 결실이라네.
이 농사를 잘 지으면
일체의 괴로움을 벗어난다네.

♦ 'soraccaṃ me pamocanaṃ'의 번역. 'pamocanaṃ'은 일을 마치고 밤에 소에
게서 멍에를 벗겨내는 것을 의미한다. 온화한 마음이 속박에서 벗어난 마음이
라는 것을 의미한다.

"고따마 존자여, 음식을 드십시오. 농사를 지어서 불
사(不死)의 결실을 거두는 고따마 존자가 진정한 농부
입니다."

Sn. 0081.
게송 읊어 받은 음식 먹을 수 없네.
바르게 보는 자의 법(法)이 아니네.
깨달은 이들은 품삯 받지 않는다네.
바라문이여, 그것이 옳은 법이라네.

Sn. 0082.
번뇌가 소멸하고 악행이 멸진한
독존(獨存)에 이른 위대한 선인(仙人)을♦
먹고 마실 것으로 달리 공양하시오!
그것이 복 구하는 밭[福田]이라오.

♦ 'kevalinaṃ mahesiṃ'의 번역. '독존(獨存)'으로 번역한 'kevalin'은 원래 고행
주의자들이 사용한 말이다. 고행주의자들은 고행을 통해 업(業)을 멸진하면
영혼(Jiva)이 육체에서 벗어나 홀로 존재하게 된다고 주장하면서 영혼이 홀
로 존재하는 것을 'kevala'라고 불렀다. 그리고 이러한 독존에 도달한 사람을
'kevalin'이라고 했는데, 이것이 일반화되어 'kevalin'은 모든 번뇌가 사라진
사람을 의미하게 되었다.

"고따마 존자여, 그렇다면 저는 이 유미(乳米)죽을 누구에게 드릴까요?"

"바라문이여, 나는 천신(天神)과 마라와 범천(梵天)을 포함하는 세간(世間)과 사문과 바라문과 왕과 사람들을 포함하는 인간 가운데서 여래와 여래의 제자 이외에 이 음식을 먹고 소화시킬 수 있는 것을 보지 못했다오. 그대는 이 유미죽을 풀이 없는 곳에 감추거나 벌레가 없는 물속에 가라앉히시오."

그래서 까씨 바라드와자 바라문은 그 유미죽을 벌레가 없는 물속에 가라앉혔습니다. 그러자 그 유미죽이 물속에서 거품과 연기를 내며 지글지글 끓었습니다. 예를 들면 하루 종일 열을 받은 과일을 물속에 던지면 거품과 연기를 내며 지글지글 끓듯이, 이와 같이 그 유미죽은 물속에서 거품과 연기를 내며 지글지글 끓었습니다. 놀라서 온몸의 털이 곤두선 까씨 바라드와자 바라문은 세존께 다가가서 세존의 두 발에 머리를 조아리고 세존께 말씀드렸습니다.

"놀랍습니다! 고따마 존자님! 놀랍습니다! 고따마 존자님! 고따마 존자님! 마치 뒤집힌 것을 바로 세우는 것 같고, 감추어진 것을 드러내는 것 같고, 길 잃은 자에게 길을 알려주는 것 같고, '눈 있는 자들은 보라.'고 어둠 속에 등불을 비춰주는 것 같습니다. 이와 같이 고따마 존자께서는 여러 가지 방법으로 진리를 알려주셨습니다. 고따마 존자님! 그래서 저는 고따마 존자님께 귀의합니다. 가르침과 비구 승가에 귀의합니다. 고따마 존자님! 저는 고따마 존자님 앞으로 출가하여 구족계를 받고자 합니다."

까씨 바라드와자 바라문은 세존 앞으로 출가하여 구족계를 받았습니다.

까씨 바라드와자 바라문은 구족계를 받자 곧 홀로 외딴곳에서 열심히 노력하고 정진하며 지냈습니다. 그리고 오래지 않아 선남자(善男子)들이 출가하는 목적인 위없는 청정한 수행[梵行]의 완성을 지금 여기에서 스스로 체득하고 성취하여 살았습니다. 그는 '생(生)은 소멸했다. 청정한 수행을 완성했으며, 해야 할 일을 끝마쳤다. 다시는 이와 같은 상태로 되지 않는다.'라는 것을 체득했습니다. 그리하여 까씨 바라드와자 존자는 아라한(阿羅漢) 가운데 한 분이 되었습니다.

5

쭌다-숫따
Cunda-sutta

●

대장장이
쭌다

해제

이 경은 여덟 개의 가타(偈)로 이루어진 작은 경이다. 이 경의 주인공 쭌다(Cunda)는 여래에게 마지막 공양을 올린 산간벽지에 사는 대장장이다. 여래는 노년에 병든 몸을 이끌고 제자들의 만류를 뿌리치고 불법이 미치지 못한 곳을 찾아 교화하시다가 빠와(Pāvā)라는 곳에서 대장장이 쭌다의 망고 숲에 머무셨다. 자신의 망고 숲에 붓다께서 머물고 있다는 말을 들은 쭌다는 세존을 찾아와서 가르침을 듣고 붓다에게 공양을 올렸다. 붓다는 쭌다의 공양을 받고 병을 얻어 열반에 이르게 된다.

이 경은 이때 나눈 쭌다와 붓다의 대화를 담고 있다. 쭌다는 세상에 어떤 부류의 수행자가 있는지를 묻는다. 붓다는 길을 정복한 수행자, 길을 가르치는 수행자, 길에서 사는 수행자, 길을 더럽히는 수행자가 있다고 알려준다. 그리고 이와 같이 수행자가 다 같지 않음을 알고 타락한 수행자와 청정한 수행자를 잘 분별하여 청정한 수행자를 믿고 따르라고 가르친다.

Sn. 0083.

대장장이 쭌다가 말하기를,

갈애(渴愛)에서 벗어난 붓다이며 법주(法主)이며

최상의 인간이며 최고의 마부이신

지혜 크신 성자(聖者)님께 묻습니다.

세간에 사문(沙門)은 몇 종류인가요?

Sn. 0084.

세존께서 쭌다에게 말씀하시기를,

그대의 질문에 대답하리라.

길을 정복한 자, 길을 가르치는 자,

길에서 사는 자, 길을 더럽히는 자,

사문은 이들 네 종류일 뿐, 다섯째는 없다.

Sn. 0085.

대장장이 쭌다가 말하기를,

깨달은 분들이 말씀하시는 길을 정복한 자 누구인가요?

비길 바 없는 길을 가르치는 자 어떤 사람인가요?

묻사오니, 길에서 사는 자 누구이며,

길을 더럽히는 자 누구인가요.

Sn. 0086.
독화살을 뽑아서 의심이 없고
갈망하는 것이 없어 열반을 좋아하는
천신을 포함한 세간의 인도자
모든 붓다 그를 일러 길의 정복자라 한다.

Sn. 0087.
최상을 최상으로 아는 사람
법을 알려주고 해석하는 사람
의심을 끊어 흔들림 없는 사람
그를 일러 길을 가르치는 수행자라 한다.

Sn. 0088.
잘 설해진 가르침 가운데서
그 길 가운데서 자제하고 집중하며,
허물없는 길을 가는 사람
그를 일러 길에서 사는 수행자라 한다.

Sn. 0089.
가식으로 착한 일을 하는 척하면서
가문을 더럽히는 무모한 위선자
거짓되고 절제 없고 얼토당토아니하게
시늉으로 수행하면 길을 더럽히는 자라 한다.

Sn. 0090.
이들을 낱낱이 꿰뚫어본 재가자는
학식 있고 지혜 있는 성자의 제자는
이와 같이 수행자가 모두 다름 알고
이와 같이 보고 신심 줄지 않는다.
타락한 자와 타락하지 않은 수행자가 어찌 같겠는가?
청정한 수행자가 청정하지 않은 자와 어찌 같겠는가?

6

빠라바와-숫따
Parābhava-sutta

●

파멸
(破滅)

해제

25개의 가타(偈)로 이루어진 이 경은 천신과 붓다의 대화 형식을 취하고 있는데, 주제는 인간의 파멸이다. 대부분의 불경이 출가 수행자를 위해 설해진 것인 데 반해, 이 경은 재가자가 파멸하지 않고 번성하는 법을 가르친다.

⊙

이와 같이 나는 들었습니다.

한때 세존께서 싸왓티의 제따와나 아나타삔디까 사
원에 머무실 때, 밤이 되자 어떤 천신이 휘황찬란한
모습으로 제따와나를 훤히 밝히며 세존을 찾아와서
예배한 후에 한쪽에 섰습니다. 한쪽에 선 그 천신이
게송으로 세존께 말을 걸어왔습니다.

Sn. 0091.
파멸하는 사람에 대하여
고따마 존자님께 묻습니다.
우리는 묻기 위해 세존께 왔습니다.
파멸로 가는 문은 무엇인가요?

Sn. 0092.
성공하는 자도 알아보기 쉽고
파멸하는 자도 알아보기 쉽다.
해야 할 일 좋아하면 성공하고
해야 할 일 싫어하면 파멸한다.

Sn. 0093.
그렇지요. 그런 사람 파멸하지요.
파멸의 첫째 문 알았습니다.
말해주소서! 세존이시여,
파멸의 둘째 문은 무엇인가요?

Sn. 0094.
거짓된 것 좋아하고
진실한 것 싫어하고,
못된 행실 용납하면
이것이 파멸로 가는 문이다.

Sn. 0095.
그렇지요. 그런 사람 파멸하지요.
파멸의 둘째 문 알았습니다.
말해주소서! 세존이시여,
파멸의 셋째 문은 무엇인가요?

Sn. 0096.
나태하고, 모임 좋아하고
열의 없고 게으른 사람이
화낼 줄밖에 모른다면
이것이 파멸로 가는 문이다.

Sn. 0097.
그렇지요. 그런 사람 파멸하지요.
파멸의 셋째 문 알았습니다.
말해주소서! 세존이시여,
파멸의 넷째 문은 무엇인가요?

Sn. 0098.
노년의 늙은 부모
모실 수 있으면서
부양하지 않는다면
이것이 파멸로 가는 문이다.

Sn. 0099.

그렇지요. 그런 사람 파멸하지요.

파멸의 넷째 문 알았습니다.

말해주소서! 세존이시여,

파멸의 다섯째 문은 무엇인가요?

Sn. 0100.

사문이나 바라문

걸식하는 나그네를

거짓말로 속이면

이것이 파멸로 가는 문이다.

Sn. 0101.

그렇지요. 그런 사람 파멸하지요.

파멸의 다섯째 문 알았습니다.

말해주소서! 세존이시여,

파멸의 여섯째 문은 무엇인가요?

Sn. 0102.
큰 재산을 가진 사람이
황금이며 먹을 것 쌓아놓고서
혼자서 좋은 음식 먹고 있다면
이것이 파멸로 가는 문이다.

Sn. 0103.
그렇지요. 그런 사람 파멸하지요.
파멸의 여섯째 문 알았습니다.
말해주소서! 세존이시여,
파멸의 일곱째 문은 무엇인가요?

Sn. 0104.
출생을 내세우고 재산을 자랑하고
가문을 뽐내면서
친척을 멸시하면
이것이 파멸로 가는 문이다.

Sn. 0105.

그렇지요. 그런 사람 파멸하지요.
파멸의 일곱째 문 알았습니다.
말해주소서! 세존이시여,
파멸의 여덟째 문은 무엇인가요?

Sn. 0106.

여자에게 빠지고 술에 빠지고
도박에 빠져서
버는 대로 탕진하면
이것이 파멸로 가는 문이다.

Sn. 0107.

그렇지요. 그런 사람 파멸하지요.
파멸의 여덟째 문 알았습니다.
말해주소서! 세존이시여,
파멸의 아홉째 문은 무엇인가요?

Sn. 0108.
자신의 아내에 만족 못하고
기녀들 가운데 모습 보이고
남의 아내 처소에 나타난다면
이것이 파멸로 가는 문이다.

Sn. 0109.
그렇지요. 그런 사람 파멸하지요.
파멸의 아홉째 문 알았습니다.
말해주소서! 세존이시여,
열 번째 파멸의 문 무엇인가요?

Sn. 0110.
늙은이가 띰바루(timbaru) 열매 같은
가슴 지닌 젊은 여인 데려와서
질투심에 사로잡혀 잠을 못 이룬다면
이것이 파멸로 가는 문이다.

Sn. 0111.
그렇지요. 그런 사람 파멸하지요.
열 번째 파멸의 문 알았습니다.
말해주소서! 세존이시여,
열한 번째 파멸의 문 무엇인가요?

Sn. 0112.
술에 빠지거나 낭비벽이 있는
여인이나 사내에게
주도권을 준다면
이것이 파멸로 가는 문이다.

Sn. 0113.
그렇지요. 그런 사람 파멸하지요.
열한 번째 파멸의 문 알았습니다.
말해주소서! 세존이시여,
열두 번째 파멸의 문 무엇인가요?

Sn. 0114.
크샤트리아 가문에 태어나
가진 것 없이 욕망만 커서
왕위를 차지하기 원한다면
이것이 파멸로 가는 문이다.

Sn. 0115.
현자(賢者)는 세상에서
이런 파멸 살펴보고
통찰력을 잘 갖춘 거룩한 성자는
행복한 세상으로 간다.

7

와쌀라-숫따
Vasāla-sutta

●

천한 사람

해제

이 경은 산문과 운문이 혼합된 형태로서 운문 형식의 가타(偈)는 27개이다. 이 경에 등장하는 바라문의 이름은 악기까 바라드와자(Aggika-bhāradvajā)인데 'aggika'는 '불을 섬기는 자'라는 의미이고, 'bhāradvāja'는 바라문 가문의 이름이다. 따라서 이를 번역하면 '불을 섬기는 바라드와자 가문의 바라문'이다.

불을 섬기는 바라문이 불에 제사를 올리다가 탁발을 오신 남루한 옷차림의 붓다를 발견한다. 제사를 올리는데 천한 거지가 오면 부정을 탈까 염려한 그는 황급히 붓다의 접근을 막는다. 붓다는 그에게 '어떤 사람이 천한 사람인가?'를 묻는다. 이로 인해서 이 경은 '천한 사람(Vasāla)'이라는 이름을 갖게 되었다.

붓다는 형색으로 귀천을 판단한 무지한 바라문을 다음과

같이 가르친다.

　"태어날 때 천한 자 없고,
　태어날 때 바라문 없다.
　업에 의해 천한 자 되고,
　업에 의해 바라문 된다."(제136게, 제142게)

⊙

이와 같이 나는 들었습니다.

한때 세존께서 싸왓티의 제따와나 아나타삔디까 사원에 머무셨습니다. 어느 날 세존께서는 오전에 옷을 입고, 발우와 법의를 지니고 탁발하러 싸왓티에 들어가셨습니다.

그때 악기까 바라드와자 바라문은 집에서 불을 피우고 헌공(獻供)을 올리고 있었습니다. 세존께서는 싸왓티에서 차례로 탁발하면서 악기까 바라드와자 바라문의 집으로 다가갔습니다. 악기까 바라드와자 바라문은 세존께서 오시는 것을 멀리서 보고, 세존께 말했습니다.

"거기 까까머리야! 거기 사문(沙門)놈아! 거기 천한 놈아! 거기에 서라!"

이와 같이 말하자, 세존께서 악기까 바라드와자 바라문에게 말씀하셨습니다.

"바라문이여, 그대는 천한 사람이나 천한 사람을 만드는 행실[法]들을 아는가?"

"고따마 존자여, 저는 천한 사람이나 천한 사람을 만드는 행실들을 모릅니다. 고따마 존자께서는 제가 천한 사람이나 천한 사람을 만드는 행실들을 알 수 있도록 저에게 가르침[法]을 주십시오.”
“바라문이여, 그렇다면 내가 하는 이야기를 듣고 잘
생각하라!”
악기까 바라드와자 바라문은 “존자여, 그렇게 하겠
습니다.”라고 세존께 약속했습니다.
세존께서 말씀하셨습니다.

Sn. 0116.
화 잘 내고, 악의 품고
그릇된 견해를 가진 사람
현혹(眩惑)하여 남을 속이는 사람
그를 천한 사람으로 알아야 한다.

Sn. 0117.
한 번 태어난 것이든
두 번 태어난 것◆이든
생명을 해치고 동정심이 없으면
그를 천한 사람으로 알아야 한다.

◆　'dijaṃ'의 번역. 두 번 태어난다는 것은 새처럼 알로 태어났다가 다시 부화하
　여 태어나는 것을 의미함.

Sn. 0118.
마을을 공격하고
도시를 파괴하고
독재자(獨裁者)로 악명 높은 자
그를 천한 사람으로 알아야 한다.

Sn. 0119.
마을이든 숲에서든
남의 귀한 물건을
도둑질로 취한다면
그를 천한 사람으로 알아야 한다.

Sn. 0120.
빚진 것이 확실한데
독촉받자 도망가서
빚이 없다 우긴다면
그를 천한 사람으로 알아야 한다.

Sn. 0121.

사소한 것 욕심내서
길에 나가 사람 해쳐
사소한 것 뺏는다면
그를 천한 사람으로 알아야 한다.

Sn. 0122.

자신이나 남이나 재산 때문에
증인 심문 받는 자가
거짓으로 증언하면
그를 천한 사람으로 알아야 한다.

Sn. 0123.

친척이나 친구의
아내 처소에 보이는 자
강간(強姦)이든 화간(和姦)이든
그를 천한 사람으로 알아야 한다.

Sn. 0124.

노년의 늙은 부모
모실 수 있으면서
부양하지 않는다면
그를 천한 사람으로 알아야 한다.

Sn. 0125.

부모와 형제자매
장인과 장모를
악담(惡談)으로 해치거나 괴롭히는 자
그를 천한 사람으로 알아야 한다.

Sn. 0126.

이익 될 일 자문(諮問) 받고
손해 볼 일 알려주고
숨겨야 할 비밀을 발설하는 자
그를 천한 사람으로 알아야 한다.

Sn. 0127.
악한 일을 행하고
몰라보길 바라면서
악한 행동을 은밀하게 하는 자
그를 천한 사람으로 알아야 한다.

Sn. 0128.
남의 집에 가서 융숭하게 대접받고
방문한 사람을
공경하지 않는 자
그를 천한 사람으로 알아야 한다.

Sn. 0129.
사문이나 바라문
걸식하는 나그네를
거짓말로 속이면
그를 천한 사람으로 알아야 한다.

Sn. 0130.

밥때가 되었는데
사문이나 바라문에게
밥은 주지 않고 욕설하는 자
그를 천한 사람으로 알아야 한다.

Sn. 0131.

어리석음에 뒤덮여서
사소한 것 탐을 내어
거짓을 말하는 자
그를 천한 사람으로 알아야 한다.

Sn. 0132.

자화자찬(自畵自讚)하면서
다른 사람 무시하는
자신의 교만으로 천박해진 자
그를 천한 사람으로 알아야 한다.

Sn. 0133.

화 잘 내고 인색하고
악의 품고 탐욕스런
수치(羞恥)를 모르는 무모한 불량배
그를 천한 사람으로 알아야 한다.

Sn. 0134.

붓다(Buddha)를 비방하고
출가제자든 재가제자든
그의 제자를 비방하는 자
그를 천한 사람으로 알아야 한다.

Sn. 0135.

아라한이 아니면서 아라한을 자칭하면
범천(梵天)을 포함한 세간의 도적이며
이것이 천한 행실이다.
내가 그대들에게 밝힌 것들이 천하다고 불리는 것이다.

Sn. 0136.

태어날 때 천한 자 없고,

태어날 때 바라문 없다.

업에 의해 천한 자 되고,

업에 의해 바라문 된다.

Sn. 0137.

그대들이 알 수 있게

내가 예를 들겠노라.

불가촉천민(不可觸賤民) 마땅가(Mātaṅga)는

천한 백정(白丁)의 아들이었다.

Sn. 0138.

마땅가는 얻기 힘든

최상의 지위 얻어

많은 바라문과 크샤트리아

그를 예배하러 모여들었다.

Sn. 0139.

그는 쾌락과 욕망을 버리고

범천세계 가는 천상의 길

티 없이 깨끗한 큰 길에 올라

아무런 장애 없이 범천세계 태어났다.

Sn. 0140.

베다를 배우는 가문에 태어나

만트라를 잘 아는♦ 바라문들도

거듭해서 사악한 업을

짓는 것을 우리는 볼 수가 있다.

Sn. 0141.

그는 지금 여기에서 비난을 받고

미래에는 악취(惡趣)에 떨어지나니

악취에 떨어지고 비난받는 것

그 누구도 막을 수 없다.

♦ 'mantabandhavā'의 번역. 'manta'는 산스크리트어 'mantra'의 빠알리어 표기
  이다. 'mantra'는 원래 베다의 운문 형식의 찬가를 의미하는데, 후대에는 베다
  의 문구(文句)나 주문(呪文)을 의미하게 된다. 여기에서는 베다의 문구(文句)를 의
  미한다.

Sn. 0142.

태어날 때 천한 자 없고,

태어날 때 바라문 없다.

업에 의해 천한 자 되고,

업에 의해 바라문 된다.

이와 같이 말씀하시자, 악기까 바라드와자 바라문은
이렇게 말했습니다.

"훌륭합니다. 고따마 존자여! 훌륭합니다. 고따마 존
자여! 고따마 존자여, 마치 뒤집힌 것을 바로 세우는
것 같고, 감추어진 것을 드러내는 것 같고, 길 잃은 자
에게 길을 알려주는 것 같고, '눈 있는 자들은 보라.'고
어둠 속에 등불을 비춰주는 것 같습니다. 이와 같이
고따마 존자께서는 여러 가지 방법으로 진리를 알려
주셨습니다. 고따마 존자여, 그래서 저는 고따마 존자
님께 귀의합니다. 가르침과 비구 승가에 귀의합니다.
고따마 존자님께서는 저를 청신사(淸信士)로◆ 받아주
소서. 지금부터 살아 있는 날까지 귀의하겠나이다."

◆ 'upāsakaṃ'의 번역.

8

멧따-숫따
Metta-sutta

●

자애
(慈愛)

해제

경의 이름 '멧따(Metta)'는 '자애(慈愛)'를 의미한다. 열 개의 가타(偈)로 이루어진 이 경은 우리에게 모든 생명을 사랑하고 그들의 행복을 축원할 것을 가르친다.

Sn. 0143.

평온한 경지를 체득한 사람은
유능하고 정직하고 올바르고
온순하고 말씨는 부드럽고
교만하지 않아야 한다.

Sn. 0144.

만족할 줄 알아 검소하고
할 일이 별로 없어 한가(閑暇)하고♦
지각활동 고요하며 사려 깊고
겸손하고 살림 욕심 없어야 한다.

Sn. 0145.

현자들이 나중에 질책할 만한
못난 짓은 어떤 것도 하면 안 된다.
안락하여라! 평온하여라!
살아 있는 것은 모두 행복하여라!

♦   'appakicco ca sallahukavutti'의 번역. '한가하고'로 번역한 'sallahukavutti'는
      '가볍고 경쾌한'을 의미하는 'sallahuka'와 '생활, 습관'을 의미하는 'vutti'의 합
      성어로서 '가볍고 경쾌한 생활'을 의미함.

Sn. 0146.

살아 있는 존재는 어떤 것이든
동물이든 식물이든 하나도 빠짐없이
길든 짧든 크든 작든 중간 크기든
크고 작은 살아 있는 모든 존재는

Sn. 0147.

눈에 보이든 보이지 않든
먼 곳에 살든 가까이 살든
태어난 존재든 태어날 존재든
살아 있는 것은 모두 행복하여라!

Sn. 0148.

서로서로 상대를 속이면 안 된다.
어디서든 누구든 무시하면 안 된다.
분노 때문에 반감(反感) 때문에
상대의 불행을 소망하면 안 된다.

Sn. 0149.
어머니가 목숨 걸고
외아들을 지키듯이
이와 같이 모든 생명에 대하여
한량없는 마음을 닦아야 한다.

Sn. 0150.
위로 아래로 사방 천지로
세상의 모든 중생들에 대하여
거침없이 원한 없이 아무런 적의(敵意) 없이
한량없는 자애심(慈愛心)을 닦아야 한다.

Sn. 0151.
서 있든 길을 가든 앉아 있든 누워 있든
잠들지 않고 깨어 있는 한
무량한 자애심에 주의를 집중하면
이것을 범천의 삶[梵住]♦이라고 한다.

♦   'brahmaṃ vihāraṃ'의 번역.

Sn. 0152.

공허한 이론(理論)을 가까이하지 않고
계행을 지키고 통찰력을 갖추어서
쾌락에 대한 탐욕 버린 사람은
결코 다시 모태(母胎)에 가지 않는다.

9

헤마와따-숫따
Hemavata-sutta

●

헤마와따
야차

해제

이 경은 28개의 가타(偈)로 이루어졌다. 그런데 제163게송에 두 개의 게송이 붙어 있기 때문에 실제로는 30개의 게송이 있다. 이 경에는 일종의 귀신인 'yakkha'가 등장한다. 'yakkha'는 '야차(夜叉)'로 한역되어 모질고 악독한 것을 의미하는, 우리에게 익숙한 존재가 되었다. 불경에서 야차는 불법을 수호하는 8부신중의 하나로 일컬어진다.

이 경에는 두 명의 야차가 등장한다. 싸따기라(Sātāgira) 야차의 'Sātāgira'는 '일곱 개의 산(山)'을 의미하기 때문에 칠악야차(七岳夜叉)로 한역되었고, 헤마와따(Hemavata) 야차는 'Hemavata'가 '히말라야에 사는'의 의미이기 때문에 설산야차(雪山夜叉)로 한역되었다. 아무튼 이 경은 산에 사는 두 야차의 대화로 시작된다.

붓다가 설법하는 포살의 날에 붓다를 뵙고 설법을 들

자고 싸따기라 야차가 권하자, 헤마와따 야차는 붓다가
자신들에게 관심을 보일지 의심한다. 이것은 당시 귀족화
된 종교에 대한 서민들의 의식을 보여주는 것이다. 신분
제도가 엄격했던 당시 인도사회에서 천민들은 신성한 종
교의식에 참가조차 할 수 없었다. 종교적 권위를 내세우
면서 실제로는 수행도 하지 않고 도덕적으로 타락한 종교
인들에게 사람들이 실망하고 있었음을 이 경은 헤마와따
야차의 입을 통해 보여주고 있다.

불교도 당시의 사람들에게 이런 종교와 별반 다를 바
없이 받아들여졌을 것이다. 이 경은 이러한 당시의 사람
들에게 싸따기라 야차의 입을 빌려 다른 종교 지도자들과
는 달리 붓다는 모든 생명을 차별 없이 대한다는 메시지
를 전하면서 시작된다. '붓다는 살아 있는 모든 존재에 관
심을 가지고 있다.' 이것이 이 경에서 보여주고자 하는 붓
다의 모습이다.

이들 두 야차가 붓다를 찾아가서 묻는 물음은 불교의
핵심이다.

"세간은 어디에서 생겼나요?
세간은 어디에서 관계를 맺나요?
세간은 무엇에 의존하고 있나요?

세간은 어디에서 고난을 겪나요?"^(제168게)

세간은 중생들이 생사를 겪으며 살아가는 괴로운 세상이
다. 우리가 태어나고 죽는 이 세계에 대하여 대부분의 종
교는 조물주가 있다고 말하고, 종교를 부정하는 유물론
자는 물질의 기계적인 운동과 이합집산만 있다고 말한다.
그런데 붓다는 이 두 견해를 버리고 다음과 같이 말씀하
신다.

> "세간은 여섯에서 생겨났다.
> 세간은 여섯에서 관계를 맺는다.
> 세간은 여섯에 의존하고 있다.
> 세간은 여섯에서 고난을 겪는다."^(제169게)

여기에서 '여섯'은 6입처(六入處)를 의미한다. 중생의 세계
는 보고, 듣고, 냄새 맡고, 맛보고, 만지고, 생각하는 자아
(自我)에서 생겼다는 것이다. 보는 내가 보이는 세상을 만
들고, 듣는 내가 들리는 세상을 만들고, … 생각하는 내가
내 생각으로 세상을 만들어서 그 속에서 관계를 맺고 그
것에 의존하여 생사의 고난을 겪기 때문에 고난에서 벗어
나기 위해서는 보고 듣는 지각활동을 통해 일어나는 감각

적 쾌락에 대한 욕망을 버려야 한다는 것이 붓다의 가르침이다. 이 얼마나 놀라운 소식인가? 이 소식을 듣고 환희에 찬 두 야차는 이렇게 노래한다.

"오늘에야 우리는 새벽을 보았네.
어둠 뚫고 떠오르는 밝은 태양을
거센 강물 건넌 번뇌가 없는
정각(正覺)을 성취하신 붓다 세존을." (제178게)

이렇게 붓다는 어둠을 뚫고 밝은 태양으로 오신 분이다. 이분이 깨달은 진리는 '내가 나의 세계의 창조주고 주인이다. 괴로운 세상도 내가 만들고, 행복한 세상도 내가 만든다'는 사실이다. 이 얼마나 경이로운 일인가!

붓다의 가르침을 들은 두 야차가 다음과 같이 다짐하면서 이 경은 끝을 맺는다.

"우리는 이제부터 이 마을 저 마을로
이 도시 저 도시로 사방천지를
정각을 성취하신 거룩한 붓다와
가르침을 예경(禮敬)하며 돌아다니자!" (제180게)

Sn. 0153.

싸따기라 야차 말하기를,

오늘은 보름날 포살일(布薩日)이다.

거룩한 밤이 다가온다.

자! 이제 최고의 명성을 지닌

고따마 스승님을 뵙도록 하자!

Sn. 0154.

헤마와따 야차 말하기를,

그런 분이 살아 있는 모든 존재에

깊은 관심을 갖기나 할까?

마음에 들거나 들지 않거나

그분은 생각을 자제(自制)하실까?

Sn. 0155.

싸따기라 야차 말하기를,

그분은 살아 있는 모든 존재에

깊은 관심을 가지고 있다.

마음에 들거나 들지 않거나

그분은 생각을 자제하신다.

Sn. 0156.

헤마와따 야차 말하기를,

주지 않는 것을 취하지는 않는가?

그분은 생명을 해치지는 않는가?

그분은 행여나 방일하지 않는가?

선정(禪定)을 게을리하지 않는가?

Sn. 0157.

싸따기라 야차 말하기를,

주지 않는 것을 취하지 않는다.

그분은 생명을 해치지 않는다.

붓다는 결코 방일하지 않는다.

선정을 게을리하지 않는다.

Sn. 0158.

헤마와따 야차 말하기를,

그분은 거짓말을 하지는 않는가?

그분은 폭언을 하지는 않는가?

그분은 이간질을 하지는 않는가?

그분은 잡담을 하지는 않는가?

Sn. 0159.

싸따기라 야차 말하기를,

그분은 거짓말을 하지 않는다.

그분은 폭언을 하지 않는다.

그분은 이간질을 하지 않는다.

진실하고 유익한 말만 하신다.

Sn. 0160.

헤마와따 야차 말하기를,

그분은 쾌락을 즐기지는 않는가?

그분은 마음이 혼탁하진 않는가?

어리석음에서는 벗어났는가?

법(法)에 대한 안목은 갖추었는가?

Sn. 0161.

싸따기라 야차 말하기를,

그분은 쾌락을 즐기지 않는다.

그분은 마음이 혼탁하지 않다.

모든 어리석음에서 벗어났다.

붓다는 법안(法眼)을 갖추었다.

Sn. 0162.

헤마와따 야차 말하기를,

그분은 명지(明智)에 도달했는가?

그분은 청정하게 행동하는가?

그분은 번뇌를 소멸했는가?

이후의 존재는 없는가?◆

Sn. 0163.

싸따기라 야차 말하기를,

그분은 명지에 도달했다.

그분은 청정하게 행동한다.

그분은 번뇌를 소멸했다.

이후의 존재는 없다.

◆ 'kacci n' atthi punabhavo'의 번역. '이후의 존재'로 번역한 'punabhavo'는 '다음, 이후'의 의미를 지닌 'puna'와 '존재'의 의미를 지닌 'bhavo'의 합성어로서, 한역에서는 '후유(後有)'로 번역한다. 여기에서 'bhavo'는 12연기에서 생(生)의 조건이 되는 '유(有)'이다. 그리고 '유(有)'는 오온(五蘊)을 자아로 취하고 있는 자기존재이다. 우리의 생사(生死)는 오온을 자아로 취하기 때문에 나타난 환상이다. 이것을 12연기에서는 유(有)를 조건으로 생(生)이 있다고 말한다. 이후의 존재가 없다는 것은 이후로는 오온을 자기존재로 취하지 않고 생사를 벗어났다는 것을 의미한다.

Sn. 0163(a).

성자(聖者)의 마음은
행동과 말로 성취되었다.
명지와 실천을 구족하신[明行足]
그분을 그대는 찬탄함이 마땅하다.

Sn. 0163(b).

성자의 마음은
행동과 말로 성취되었다.
명지와 실천을 구족하신
그분을 그대는 감사함이 마땅하다.

Sn. 0164.

성자의 마음은
행동과 말로 성취되었다.
명지와 실천을 구족하신 고따마
우리 이제 그분을 뵙도록 하자!

Sn. 0165.
사슴 같은 장딴지에 몸은 여위고
지혜롭고 식탐 없어 소식(小食)하시는
성자께서 숲속에서 명상하신다.
어서 가서 고따마 뵙도록 하자!

Sn. 0166.
감각적 쾌락에는 관심이 없이
코끼리나 사자처럼 혼자서 가는
그분을 찾아가서 묻도록 하자!
죽음의 올가미를 벗어나는 길

Sn. 0167.
알려주는 분, 설명하는 분
모든 법의 피안에 도달하신 분
원한과 두려움을 극복하신 분
고따마 붓다님께 우리는 묻습니다.

Sn. 0168.

세간은 어디에서 생겼나요?

세간은 어디에서 관계를 맺나요?

세간은 무엇에 의존하고 있나요?♦

세간은 어디에서 고난을 겪나요?

Sn. 0169.

세간은 여섯♦♦에서 생겨났다.

세간은 여섯에서 관계를 맺는다.

세간은 여섯에 의존하고 있다.

세간은 여섯에서 고난을 겪는다.

Sn. 0170.

취착[取]♦♦♦은 어떤 것이기에

그로 인해 세간이 고난을 겪나요?

벗어나는 길을 알려주소서.

어떻게 괴로움을 벗어나나요?

♦　'kissā loko upādāya'의 번역. 세간이 유지되도록 붙들고 있는 것이 무엇인가를 묻고 있음.

♦♦　'여섯'은 6입처(六入處)를 의미한다.

♦♦♦　'upādānaṃ'의 번역. 오온을 자아로 취하는 일을 의미한다.

Sn. 0171.
세간에는 다섯 가지 쾌락이 있고
여섯 번째로 마음이 있다.
이들에 대한 욕망 버리면
이렇게 괴로움을 벗어난다.

Sn. 0172.
세간에서 벗어나는 이러한 길을
너희에게 사실대로 알려주었다.
내가 너희에게 천명하겠다.
이렇게 하면 괴로움을 벗어난다.

Sn. 0173.
거센 강물을 건너는 자 누구인가요?
바다를 건너는 자 누구인가요?
바닥을 알 수 없는 깊은 물에서
가라앉지 않는 자 누구인가요?

Sn. 0174.

언제나 빠짐없이 계행 갖추고
마음이 집중된 지혜로운 자
내면을 사유하는 주의집중하는 자
건너기 힘든 거센 강물을 건너간다.

Sn. 0175.

쾌락에 대한 생각 모조리 끊고
모든 속박에서 벗어난 사람
환락(歡樂)하는 존재를◆ 멸진(滅盡)한 사람
그가 깊은 물속에 가라앉지 않는다.

Sn. 0176.

보라! 위대한 저 선인을
깊은 지혜 갖추고 미묘한 뜻 깨달아서
쾌락에 물들지 않는 해탈하신 분,
성자들의 거룩한 길 걸어가신다.

◆ 'nandībhava'의 번역. 야마천, 도솔천, 화락천 등과 같은 욕계(欲界)의 천신들은
환락을 누리는 존재이기 때문에 '환락하는 존재'는 이들을 의미하는 것 같다.

Sn. 0177.

보라! 현명한 일체지자(一切知者)를
미묘한 뜻 깨달아서 지혜(智慧) 주시며
쾌락에 물들지 않는 명성 높은 분,
성자들의 거룩한 길 걸어가신다.

Sn. 0178.

오늘에야 우리는 새벽을 보았네.
어둠 뚫고 떠오르는 밝은 태양을
거센 강물 건넌 번뇌가 없는
정각(正覺)을 성취하신 붓다 세존을

Sn. 0179.

신통을 갖추고 명성이 높은
일천(一千) 야차 모두 함께 귀의합니다.
당신은 우리의 스승입니다.
우리의 위없는 스승입니다.

Sn. 0180.

우리는 이제부터 이 마을 저 마을로

이 도시 저 도시로 사방 천지를

정각을 성취하신 거룩한 붓다와

가르침을 예경(禮敬)하며 돌아다니자!

10

알라와까-숫따
Āḷavaka-sutta

●

알라와까
야차

해제

이 경은 도입부의 산문과 12개의 가타(偈)로 이루어졌다.
이 경에 등장하는 야차의 이름인 '알라와까(Āḷavaka)'는 '알
라위(Āḷavī)에 사는'의 의미이다. 즉 알라위에 사는 야차이
기 때문에 알라와까 야차라고 불린 것이다.

　이 경의 서두에서 알라와까 야차는 자신의 영역에 머
물고 있는 붓다에게 자신의 영역에서 나갈 것을 요구한
다. 붓다는 그 요구에 응한다. 야차는 이제 들어오라고 청
한다. 붓다는 그 청을 받아들인다. 이렇게 세 차례 야차의
요청에 들어가고 나가기를 반복하던 붓다는 네 번째에는
청을 거부한다. 왜 이 경에서는 야차를 등장시켜서 붓다
와 실랑이를 벌이게 하고 있을까?

　아마도 붓다가 알라위에 갔을 때 그곳 사람들은 처음
에 붓다를 거부했던 것 같다. 그러다가 붓다를 모시자는

여론이 일어나 붓다를 모셨는데, 다시 반대 여론이 일어나 성 밖으로 나가신 것 같다. 이런 상황이 거듭되자 세존께서는 그들의 협박에 굴하지 않고 그곳에 머물기로 작정하셨고, 이런 붓다에게 그곳 사람들이 법을 묻고 가르침을 받은 것 같다. 알라와까 야차는 이러한 알라위의 민심(民心)을 보여주는 은유일 것이다. 붓다는 그곳에서 재가자들이 살아가는 데 필요한 덕목들을 가르친다.

알라와까 야차는 붓다의 가르침을 듣고 이렇게 노래한다.

"붓다께서 저의 이익을 위해
알라위 마을에 머무셨군요.
이제야 저는 알았습니다.
베푼 만큼 큰 결실 있다는 것을.

이제부터 저는 이 마을 저 마을로
이 도시 저 도시로 사방천지를
정각을 성취하신 거룩한 붓다와
가르침을 예경하며 다니겠습니다."(제191~192게)

◉

이와 같이 나는 들었습니다.

한때 세존께서 알라위 국의 알라와까 야차의 영역에 머무실 때, 알라와까 야차가 세존께 다가와서 말했습니다.

"사문이여, 나가시오!"

"그러지요. 존자여!"

세존께서 나가셨습니다.

"사문이여, 들어오시오!"

"그러지요. 존자여!"

세존께서 들어오셨습니다.

두 번째로 알라와까 야차가 세존께 말했습니다.

"사문이여, 나가시오!"

"그러지요. 존자여!"

세존께서 나가셨습니다.

"사문이여, 들어오시오!"

"그러지요. 존자여!"

세존께서 들어오셨습니다.

세 번째로 알라와까 야차가 세존께 말했습니다.

"사문이여, 나가시오!"

"그러지요. 존자여!"

세존께서 나가셨습니다.

"사문이여, 들어오시오!"

"그러지요. 존자여!"

세존께서 들어오셨습니다.

네 번째로 알라와까 야차가 세존께 말했습니다.

"사문이여, 나가시오!"

"존자여, 나는 나가지 않겠으니, 그대 할 일이나 하
시오."

"사문이여, 내가 질문을 하겠소. 만약에 나에게 대답
하지 못하면 그대의 마음을 휘저어버리거나, 심장을
찢어버리거나, 두 발을 잡아서 갠지스 강에 던져버
리겠소."

"존자여, 나는 천신(天神)과 마라와 범천(梵天)을 포함
하는 세간(世間)과 사문과 바라문과 왕과 사람들을 포
함하는 인간 가운데서 나의 마음을 휘저어버리거나,
심장을 찢어버리거나, 두 발을 잡아서 갠지스 강에
던져버릴 수 있는 자를 보지 못했다오. 그렇지만 벗
이여, 그대가 원한다면 묻도록 하시오."

그러자 알라와까 야차가 세존께 게송으로 말을 걸었

습니다.

Sn. 0181.
사람에게 으뜸가는 재산은 무엇인가?
행복을 가져오는 좋은 실천은 무엇인가?
다른 맛보다 달콤한 것은 무엇인가?
어떤 삶을 으뜸가는 삶이라 하는가?

Sn. 0182.
믿음이 사람에게 으뜸가는 재산이다.
법(法)을 잘 실천하면 행복을 가져온다.
진실이야말로 다른 맛보다 달콤하다.
지혜로운 삶을 으뜸가는 삶이라 한다.

Sn. 0183.
거센 강물은 어떻게 건너는가?
바다는 어떻게 건너는가?
괴로움은 어떻게 극복하는가?
어떻게 해야 청정해지는가?

Sn. 0184.
거센 강물은 믿음으로 건넌다.
바다는 불방일(不放逸)로 건넌다.
괴로움은 정진으로 극복한다.
지혜로써 통찰해야 청정해진다.

Sn. 0185.
지혜는 어떻게 얻는가?
재산은 어떻게 얻는가?
명성은 어떻게 얻는가?
친구들은 어떻게 사귀는가?
저승 갈 때◆ 어찌해야 슬퍼하지 않는가?

Sn. 0186.
부지런하고 현명한 자가
열반을 성취하기 위하여
아라한의 법도를 믿고
듣기를 원하여 지혜 얻는다.

◆ 'asmā lokā paraṃ lokaṃ pecca'의 번역. 원어는 '죽어서 이 세간에서 저 세간
   으로 갈 때'인데, 음률을 맞추기 위해 '저승 갈 때'로 번역함.

Sn. 0187.

적절한 일을 인내심 있게
열심히 하면 재물을 얻고
진실로써 명성을 얻고
베풂으로써 친구들을 사귄다.

Sn. 0188.

신심 있는 재가자에게
진실과 법도, 열성과 베풂
이들 네 가지 법이 있으면
죽은 후에 결코 슬퍼하지 않는다.

Sn. 0189.

사문이나 바라문 크샤트리아 바이샤
여러 부류 사람에게 물어보아라!
진실과 법도, 열성과 베풂
이 밖에 다른 것이 과연 있는지.

Sn. 0190.
어찌 지금 사문이나 바라문 같은
여러 부류 사람에게 묻겠습니까?
저는 이제 비로소 알았습니다.
내세에 무엇이 이익 되는지.

Sn. 0191.
붓다께서 저의 이익을 위해
알라위 마을에 머무셨군요.
이제야 저는 알았습니다.
베푼 만큼 큰 결실 있다는 것을.

Sn. 0192.
이제부터 저는 이 마을 저 마을로
이 도시 저 도시로 사방천지를
정각을 성취하신 거룩한 붓다와
가르침을 예경하며 다니겠습니다.

11

위자야-숫따
Vijaya-sutta

●

승리
(勝利)

해제

이 경은 14개의 가타(偈)로 이루어졌다. 경의 이름인 '위자
야(Vijaya)'는 '승리(勝利)'를 의미한다. 경의 주제는 몸에 대
한 욕망을 버리는 것인데, 경의 제목은 진정한 승리는 자
신의 욕망을 극복하는 것임을 의미한다.

Sn. 0193.
가거나 서거나
앉거나 눕거나
구부리고 펴는 것
이것이 몸짓이다.

Sn. 0194.
뼈는 힘줄에 묶여 있고
살과 근육이 휘감고 있으니
피부에 감춰진 몸은
있는 그대로 보이지 않는다.

Sn. 0195.
그 속은 창자로 가득 차 있고
간장 위장 방광 심장
폐장 신장 비장 같은
여러 가지 내장으로 가득 차 있다.

Sn. 0196.
그 속에는 콧물과 침
땀과 지방 들어 있고
혈액과 활액(滑液)과 림프액이
그리고 담즙이 가득 차 있다.

Sn. 0197.
그리고 아홉 개의 구멍에서는
언제나 더러운 것 흘러나온다.
눈에서는 눈곱이 흘러나오고
귀에서는 귀지가 흘러나온다.

Sn. 0198.
입에서는 콧물 침 담즙 가래가
한꺼번에 흘러나오고
몸에서는 땀이 나면서
더러운 때가 흘러나온다.

Sn. 0199.
두개골은 뇌수로 가득 차 있다.
어리석은 자는 무지로 인해
그러한 몸을 좋아하면서
아름답다고 생각한다.

Sn. 0200.
그렇지만 죽어서 묘지에 버려져
푸르게 부풀어 누워 있으면
친척들도 관심을 보이지 않고
아무도 거들떠보지 않는다.

Sn. 0201.
개나 늑대나 승냥이가 뜯어먹고
구더기나 까마귀나 독수리가 파먹고
그 밖에 다른 생명들이 달려들어
남김없이 먹어치운다.

Sn. 0202.
지혜로운 수행자는
붓다의 말씀 듣고
정확하게 이해하고
여실(如實)하게 본다.

Sn. 0203.
저 시체도 예전에는 내 몸 같았고,
내 몸도 죽으면 저 시체같이 된다.
이렇게 생각하고 안과 밖으로
몸에 대한 욕망을 버려야 한다.

Sn. 0204.
욕망과 탐욕 버린
지혜로운 수행자는
죽음 없이 평화로운
불멸(不滅)의 열반을 성취한다.

Sn. 0205.
두 발 달린 이 몸은
아무리 보살펴도
냄새나고 더러운 오물 가득 들어 있어
여기저기 그것들이 흘러나온다.

Sn. 0206.
이런 몸에 대하여
자부심을 가지고
남을 무시한다면
그가 바로 장님이다.

12

무니-숫따
Muni-sutta

●

성자
(聖者)

해제

이 경은 15개의 가타(偈)로 이루어졌다. 경의 이름인 '무니
(Muni)'는 '성자(聖者)'를 의미한다. 이 경에서는 어떤 사람이
진정한 성자인지를 이야기한다.

Sn. 0207.

친한 사이에서 두려움이 생기고
집에서 먼지가 생긴다.
집 없고 친한 이 없으니
이것이 성자의 모습이다.

Sn. 0208.

생긴 번뇌 소멸하고 씨 뿌리지 않고
생겨나는 것을 키우지 않으면
그것을 혼자서 가는 성자의 길이라 한다.
저 위대한 선인은 평화로운 경지를 보았다.

Sn. 0209.

(생사의) 근거를 헤아려서 씨를 말리고◆
그 씨에 물을 주어 키우지 않고
생사의 멸(滅)과 그 끝을 본 참된 성자는
언설(言說) 분별(分別) 버려서 말로 표현할 수 없다.◆◆

◆ 'saṃkhāya vatthūni pamāya bījaṃ'의 번역. 근거를 헤아린다는 것은 12연기의
   역관(逆觀)을 의미하고, 씨를 말린다는 것은 생사의 근원이 되는 무명을 소멸한다
   는 의미이다.
◆◆ 'takkaṃ pahāya na upeti saṃkhaṃ'의 번역. 붓다는 언어로 분별되는 것들이 허

Sn. 0210.

모든 집착 깨닫고서
그 가운데 어떤 것도 갈망하지 않는
탐욕 버려 욕심 없는 참된 성자는
애쓰지 않고 저 언덕에 건너갔다.

Sn. 0211.

모든 것을 극복한 현명한 일체지자(一切知者)
어떤 법에도 물들지 않고
모든 것을 버리고 갈애 끊고 해탈한
그분이 성자임을 현자들은 알아본다.

Sn. 0212.

지혜의 힘이 있고 계행(戒行) 갖춘
마음 모아 선정(禪定)에서 주의집중하는
집착을 벗어나 장애 없고 번뇌 없는
그분이 성자임을 현자들은 알아본다.

구임을 깨달았기 때문에 이름이나 언어로 붓다를 표현할 수 없다는 의미이다.

Sn. 0213.

혼자서 가는 방일하지 않는 성자
비난과 칭찬에 흔들리지 않고
소리에 놀라지 않는 사자처럼
그물에 걸리지 않는 바람처럼
진흙탕에 물들지 않는 연꽃처럼
남의 인도(引導) 받지 않고 남을 인도하는
그분이 성자임을 현자들은 알아본다.

Sn. 0214.

목욕장에 서 있는 견고한 기둥처럼
지극한 칭찬이나 혹독한 비난에
흔들리지 않고 집중하여 지각(知覺)하는
그분이 성자임을 현자들은 알아본다.

Sn. 0215.
똑바로 오가는 (베틀의) 북처럼 자제하여♦
사악한 행동을 싫어하고
옳은 것과 그른 것을 사유하는
그분이 성자임을 현자들은 알아본다.

Sn. 0216.
스스로 자제하여 악을 행하지 않고
젊어서나 나이 들어서나 자제하는 성자
(스스로) 성내지 않고 누구도 성나게 하지 않는
그분이 성자임을 현자들은 알아본다.

Sn. 0217.
탁발하여 밥을 얻어 사는 사람이
맨 위 밥이든 중간 밥이든 남은 밥이든
칭찬도 아니하고 욕설도 아니하니
그분이 성자임을 현자들은 알아본다.

♦ 'yo ve ṭhitatto tasaraṃ va ujjuṃ'의 번역. 베틀의 북이 흔들리지 않고 똑바로 왕복
하면서 베를 짜듯이 성자는 자신을 자제하여 항상 바른 행실을 한다는 의미이다.

Sn. 0218.

젊을 때 어떤 것에도 묶이지 않고
음행을 삼가며 유행(遊行)한 성자
교만과 방일을 멀리하고 벗어난
그분이 성자임을 현자들은 알아본다.

Sn. 0219.

세간을 알고 최상의 진리 보고
거센 강물과 바다를 건넌 이와 같은 분
속박 끊고 집착 없고 번뇌[漏] 없는 분
그분이 성자임을 현자들은 알아본다.

Sn. 0220.

아내를 부양하는 재가자와
무소유의 출가자는 서로 다르다.
재가자는 살생을 삼가지 않지만
성자는 언제나 생명을 보호한다.

Sn. 0221.

푸른 목을 지닌 공작 같은 새가
결코 백조를 따라잡지 못하듯이
재가자는 홀로 숲에서 명상하는
비구나 성자와 견줄 수 없다.

제 2 장

쭐라 왁가
Cūla-vagga

소품
(小品)

해제

제2장 「쭐라 왁가(Cūla-vagga)」는 14개의 숫따(經)로 구성
되어 있고, 그 속에 183개의 가타(偈)가 들어 있다. '쭐라
(Cūla)'는 '작다, 적다'는 의미인데, 짧은 숫따(經)를 모은 것
이기 때문에 '쭐라'라고 이름 붙인 것이다. 이와 대조적으
로 긴 숫따를 모은 제3장은 '긴, 큰'의 의미를 지닌 '마하
(Mahā)'라는 이름을 붙였다.

1

라따나-숫따
Ratana-sutta

●

보배

해제

이 경은 17개의 가타(偈)로 이루어졌다. 경의 이름인 '라따나(Ratana)'는 '보배'를 의미한다. 이 경에서 이야기하는 보배는 불(佛)·법(法)·승(僧) 3보(三寶)다. 경의 내용은 3보가 가장 큰 행복을 가져오는 보배라는 사실을 알고 3보를 공경하여 모든 존재가 행복하기를 축원하는 것이다.

Sn. 0222.
여기 모인 살아 있는 모든 존재는
땅에서 살아가든 공중에서 살아가든
살아 있는 존재는 모두 기뻐하라!
그리고 경건하게 이내 말씀 들어보라!

Sn. 0223.
살아 있는 존재는 모두 귀를 기울이라!
여인의 자손에게 자애를 행하라!
그들은 밤낮으로 공양을 가져온다.
그러므로 열심히 그들을 보호하라!

Sn. 0224.
이 세상과 저세상의 어떤 재물도
제아무리 훌륭한 천상의 보배도
여래(如來)와는 결코 견줄 수 없다.
붓다에게 이러한 훌륭한 보배 있다.
이 진실에 의해 행복하기를!

Sn. 0225.

싸꺄(Sakya)족의 성자가 마음을 모아 성취한
멸진(滅盡) 이욕(離欲) 불사(不死)의 훌륭한 가르침
이 가르침 어떤 것도 견줄 수 없다.
가르침에 이러한 훌륭한 보배 있다.
이 진실에 의해 행복하기를!

Sn. 0226.

붓다께서 칭찬하신 청정한 삼매(三昧)는
끊임없이 이어지는 삼매라고 한다.
그 삼매에 견줄 것은 하나도 없다.
가르침에 이러한 훌륭한 보배 있다.
이 진실에 의해 행복하기를!

Sn. 0227.
바른 사람이 칭찬하는
네 쌍의 여덟 무리[四雙八輩]
공양 받아 마땅한 선서(善逝)의 제자
그들에게 공양하면 큰 결실 있다.
승가(僧伽)에 이러한 훌륭한 보배 있다.
이 진실에 의해 행복하기를!

Sn. 0228.
굳은 마음으로 감각적 쾌락을 떠나
고따마의 가르침에 열중하는 사람들은
불사를 성취하여 그 속에 들어가
최상의 적멸(寂滅) 얻어 그것을 누린다.
승가에 이러한 훌륭한 보배 있다.
이 진실에 의해 행복하기를!

Sn. 0229.
땅속에 깊이 박힌 제석천의 말뚝이
사방의 바람에 흔들리지 않듯이
거룩한 진리를 확실하게 본
참사람도 그와 같다 나는 말한다.
승가에 이러한 훌륭한 보배 있다.
이 진실에 의해 행복하기를!

Sn. 0230.
깊은 지혜로 잘 설해진
거룩한 진리를 이해한 이들은
아무리 크게 방일한다 할지라도
여덟 번째 존재를 취하지 않는다.♦
승가에 이러한 훌륭한 보배 있다.
이 진실에 의해 행복하기를!

♦   수다원과를 성취하면 일곱 번을 다른 세상에 다녀와서 열반을 성취한다. 여기
    에서는 이것을 여덟 번째 존재를 취하지 않는다고 하고 있다.

Sn. 0231.

통찰력을 구족하면 그와 동시에
자신을 존재로 보는 견해*와
의심과 부당한 관습적 금계(禁戒)**
이들 세 법(法)이 남김없이 버려지며
네 가지 악취(惡趣)***에서 벗어나고
여섯 가지 큰 죄****를 범할 수 없다.
승가에 이러한 훌륭한 보배 있다.
이 진실에 의해 행복하기를!

◆　　'sakkāyadiṭṭhi'의 번역. 유신견(有身見)으로 한역된 'sakkāyadiṭṭhi'는 자신
　　을 실체적 존재로 보는 견해를 의미한다.

◆◆　　'sīlabbataṃ'의 번역. 전통적인 관습에 의해 형성된 도덕적 규율이나 덕
　　행을 의미한다. 예를 들면, 우리나라의 옛 관습인 남녀칠세부동석(男女七歲
　　不同席)이나 이슬람 문화권의 여인은 외출 시 얼굴을 가려야 한다는 것이
　　'sīlabbataṃ'이다.

◆◆◆　　지옥, 아귀, 축생, 아수라를 의미함

◆◆◆◆　　모친 살해, 부친 살해, 아라한 살해, 화합 파괴, 붓다를 상하게 함. 외도(外
　　道)를 추종함.

Sn. 0232.

몸이나 말이나 마음으로
어떤 악행을 행하게 되면
그는 그것을 숨기지 못한다.
숨길 수 없는 것이 특징이기 때문이다.♦
승가에 이러한 훌륭한 보배 있다.
이 진실에 의해 행복하기를!

Sn. 0233.

여름 첫 달의 더운 열기에
다채롭게 피어나는 숲속의 초목 같은
열반으로 가는 최고의 이익 주는
그와 같은 최상의 가르침을 설하셨다
붓다에게 이러한 훌륭한 보배 있다.
이 진실에 의해 행복하기를!

♦ 'abhabbatā diṭṭhapadassa vuttā'의 번역. 원문의 뜻은 '할 수 없는 것이 특징이
라고 말해진다.'이다. 통찰력을 구족한 사람의 특징은 자신의 잘못을 감추지
못하는 것이라는 의미이다.

Sn. 0234.
최상을 알고 최상을 주고
최상을 가져오는 가장 훌륭하신 분
위없는 최상의 가르침을 설하셨다.
붓다에게 이러한 훌륭한 보배 있다.
이 진실에 의해 행복하기를!

Sn. 0235.
과거에 생긴 것은 없어졌고 새로 생긴 것이 없으며
미래의 존재에 집착하지 않는 마음
그 마음에 씨가 마르고 욕망이 자라지 않는
현자들은 등불 끄듯 (욕망의 불을) 꺼버린다.
승가에 이러한 훌륭한 보배 있다.
이 진실에 의해 행복하기를!

Sn. 0236.
여기 모인 살아 있는 모든 존재는
땅에서 살아가든 공중에서 살아가든
천신과 인간의 공양 받는 여래에게
붓다에게 우리 함께 예경(禮敬) 올리자!
그리고 우리 모두 행복하기를!

Sn. 0237.
여기 모인 살아 있는 모든 존재는
땅에서 살아가든 공중에서 살아가든
천신과 인간의 공양 받는 여래의
가르침에 우리 함께 예경 올리자!
그리고 우리 모두 행복하기를!

Sn. 0238.
여기 모인 살아 있는 모든 존재는
땅에서 살아가든 공중에서 살아가든
천신과 인간의 공양 받는 여래의
승가에 우리 함께 예경 올리자!
그리고 우리 모두 행복하기를!

2

아마간다-숫따
Āmagandha-sutta

●

비린내

해제

14개의 가타(偈)로 이루어진 이 경은 과거의 까싸빠(Kassapa) 붓다와 띳싸(Tissa)라는 고행 수행자가 나눈 대화로 전해진다. 경의 이름인 '아마간다(Āmagandha)'는 '생선이나 날고기의 비린내'라는 뜻이다. 여기에서 비린내는 타락한 수행자의 허물을 의미한다.

일반적으로 수행자는 육식(肉食)이나 맛있고 좋은 음식을 삼가야 한다고 생각한다. 이러한 우리의 생각을 수행자 띳싸가 대변한다. 그러나 까싸빠 붓다는 음식은 수행과 무관하다고 이야기한다. 이 경에서는 이러한 사실을 석가모니 붓다 이전의 붓다인 까싸빠 붓다를 통해 이야기함으로써 수행의 본질은 먹는 음식이나 겉모습에 있는 것이 아니라 집착에서 벗어나 괴로움을 제거하는 데 있다는 사실은 만고(萬古)의 진리임을 이야기한다.

Sn. 0239.

좁쌀이나 딩굴라까(din/gulaka) 또는 찌나까(cīnaka)◆

채소나 알뿌리나 넝쿨 열매를

여법(如法)하게 얻어먹는 참된 사람은

쾌락을 갈망하여 거짓말 않습니다.

Sn. 0240.

잘 조리되고 잘 차려진

남이 준 맛있고 좋은 반찬에

쌀밥 먹는 호사를 누린다면

까샷빠◆◆여, 그는 비린 것을 즐기는 것입니다.

Sn. 0241.

그런데 범천의 친족인 당신은

잘 조리된 새의 고기에 쌀밥을 먹으면서

'나는 비린 것을 허용하지 않는다.' 하시니

까샷빠여, 제가 그 의미를 묻습니다.

어떤 것이 비린 것인가요?

◆ 콩의 일종.

◆◆ 과거칠불(過去七佛) 가운데 석가모니 이전의 여섯째 부처님의 이름.

Sn. 0242.
산 것을 해치고 죽이고 자르고 묶고
도둑질하고 거짓말하고 속임수로 속이고
위선 떨고 남의 아내와 관계를 맺고
이런 것이 비린 것이지, 육식은 비린 것이 아니다.

Sn. 0243.
쾌락을 절제하지 못하고 맛을 탐하고
부정한 사람과 어울리고 허무주의에 빠지고
바르지 못해 함께하기 힘든 사람들
이런 것이 비린 것이지, 육식은 비린 것이 아니다.

Sn. 0244.
모질고 잔인하고 등 뒤에서 험담하고
친구를 배신하고 무자비하고 오만하고
인색하여 어떤 것도 베풀지 않는 자들
이런 것이 비린 것이지, 육식은 비린 것이 아니다.

Sn. 0245.

성내고 교만하고 완고하고 반항하고
속이고 질투하고 과장해서 말하고
오만방자하고 상스러운 자와 친밀한 것
이런 것이 비린 것이지, 육식은 비린 것이 아니다.

Sn. 0246.

부도덕하고 빚지고 비방하고
위증(僞證)하고 가장(假裝)하고
지극히 못된 짓을 하는 자들
이런 것이 비린 것이지, 육식은 비린 것이 아니다.

Sn. 0247.

살아 있는 것들에 대하여 자제하지 못하고
남의 것을 빼앗고 괴롭히기 바쁘고
파계(破戒)하고 사납고 난폭하고 무례한 자들
이런 것이 비린 것이지, 육식은 비린 것이 아니다.

Sn. 0248.

항상 탐욕스럽게 적의를 가지고
살아 있는 것을 공격하기 바쁜 중생들
그들은 사후에 암흑으로 나아가서
머리를 처박고 지옥에 떨어진다.
이런 것이 비린 것이지, 육식은 비린 것이 아니다.

Sn. 0249.

어육(魚肉) 먹지 않아도 단식을 해도
벌거벗거나 삭발이나 결발(結髮)을 해도
먼지 뒤집어쓰고 거친 가죽옷 입어도
불을 피워놓고 헌공을 올려도
불사(不死) 위한 세간의 많은 고행도
주문 외며 계절 따라 올리는 제사도
의심 극복 못한 자를 정화(淨化)하지 못한다.

Sn. 0250.

세상의 흐름[世流] 속에서 (자신을) 지키고
지각(知覺)활동[根] 정복하고♦ 유행하라!
가르침 가운데 굳게 서서
정직하고 온화한 삶에 전념하고
집착에서 벗어나 모든 괴로움을 없앤
현자는 보고 들은 것에 영향 받지 않는다.

Sn. 0251.

베다의 만트라에 정통하신 세존께서
이와 같이 그 의미를 거듭해서 알려주었네.
비린내 없고 집착 없고 함께하기 어려운
성자께서 여러 가지 게송으로 알려주었네.

Sn. 0252.

비린내를 없애고 모든 고통 없애라는
붓다께서 가르친 좋은 말씀 듣고서
그는 여래에게 공손하게 예배하고
그곳에서 출가를 결심했다네.

♦　'vijitindriyo'의 번역.

165

3

히리-숫따
Hiri-sutta

●

부끄러움

해제

이 경은 다섯 개의 가타(偈)로 이루어진 작은 경이다. 경의 이름인 '히리(Hiri)'는 '수치(羞恥)'나 '부끄러움'을 의미한다. 이 경에서는 어떤 친구가 진정한 친구인지를 이야기한다.

Sn. 0253.

부끄러움 관심 없고 혐오하면서
"나는 친구다."라고 말하고
할 수 있는 일 하지 않으면
그는 친구 아님을 알아야 한다.

Sn. 0254.

입에 발린 좋은 말을
친구들 가운데서 늘어놓는 자
현자는 그가 말만
번지르르하다는 것을 안다.

Sn. 0255.

언제나 불화(不和)는 아랑곳없이
허물만 보는 자는 친구 아니다.
품 안에서 자고 있는 자식처럼
남에 의해 사이가 깨지지 않는
그런 친구가 진정한 친구다.

Sn. 0256.

남이 행복해할 때
즐겁게 박수를 보내면
인간의 짐을 짊어진 사람은
크고 좋은 결실이 있을 것이다.

Sn. 0257.

세속 떠나 사는[遠離] 맛을 보고
고요한 마음의 맛을 보고
법열(法悅)의 맛을 본 사람은
근심과 죄악에서 벗어난다.

4

마하망갈라-숫따
Mahāmaṅgala-sutta

●

더없는
행운

해제

경의 이름인 '마하망갈라(Mahāmaṅgala)'는 '큰, 많은'을 의미하는 '마하(mahā)'와 '행운'을 의미하는 '망갈라(maṅgala)'의 합성어인데, 이것을 '더없는 행운'으로 번역했다.

누구나 살면서 행운을 기대한다. 우리는 부자로 태어나고, 멋진 용모를 지니고 태어나는 것을 행운으로 생각한다. 그리고 재물과 명예와 권력을 얻는 행운을 바란다. 그런데 이 경에서 붓다가 알려준 행운 가운데는 이런 것들이 하나도 없다. 붓다는 행운이란 하늘이 주는 축복이나 우연히 얻게 되는 운수가 아니라, 누구나 알면 실천할 수 있는 일들이라고 가르친다.

"부모님을 모시고
처자식을 부양(扶養)하며

우환(憂患) 없이 살아가면
이것이 더없는 행운이다."(제262게)

행운은 밖으로부터 주어지는 것이 아니라 누구나 알 수
있고 실천할 수 있는 우리의 일상이라는 것을 이 경은 이
야기한다.

⊙

이와 같이 나는 들었습니다.

한때 세존께서 싸왓티의 제따와나 아나타삔디까 사원에 머무셨습니다. 그때 밤이 되자 어떤 천신이 휘황찬란한 모습으로 제따와나를 훤히 밝히면서 세존을 찾아와서 예배한 후에 한쪽에 섰습니다. 한쪽에 선 그 천신이 게송으로 세존께 말을 걸어왔습니다.

Sn. 0258.
많은 신과 인간들은
행복을 원하면서
행운(幸運)을 바랍니다.
더없는 행운을 알려주세요.

Sn. 0259.
우매한 자 멀리하고
현명한 자 교제하고
공경할 분 공경하면
이것이 더없는 행운이다.

Sn. 0260.
적절한 곳에 거주하면서
과거에 지은 공덕이 있고
자신의 바른 서원(誓願) 있으면
이것이 더없는 행운이다.

Sn. 0261.
학식이 많고
기술과 율(律)을 잘 배웠고
말솜씨가 뛰어나면
이것이 더없는 행운이다.

Sn. 0262.
부모님을 모시고
처자식을 부양(扶養)하며
우환(憂患) 없이 살아가면
이것이 더없는 행운이다.

Sn. 0263.
보시(布施)하고 법 지키고
친척을 부양하고
비난받지 않으면
이것이 더없는 행운이다.

Sn. 0264.
못된 악행 자제하고
음주(飮酒)를 절제하고
가르침에 열중하면
이것이 더없는 행운이다.

Sn. 0265.
존경할 줄 알고 겸손하고
만족을 알고 은혜를 알고
수시로 가르침을 들으면
이것이 더없는 행운이다.

Sn. 0266.
관용하고 온화하고
수행자를 만나보고
수시로 법담(法談) 나누면
이것이 더없는 행운이다.

Sn. 0267.
고행과 청정한 수행으로
거룩한 진리를 보고
열반을 증득(證得)하면
이것이 더없는 행운이다.

Sn. 0268.
세간법(世間法)에 접촉해도
동요하지 않고
근심 없이 번뇌 없이 평온하면
이것이 더없는 행운이다.

Sn. 0269.

이와 같은 것들을 실천하면
어떤 일을 해도 실패하지 않으며
어디에서나 행복할 수 있다.
그러므로 이것이 더없는 행운이다.

5

쑤찔로마-숫따
Sūciloma-sutta

●

쑤찔로마
야차

해제

이 경은 산문과 운문이 혼합된 형태로서 도입부의 산문과
네 개의 가타(偈)로 이루어졌다. 『쌍윳따니까야』의 제10
「야차-쌍윳따(Yakkha-saṃyutta)」에도 이 경과 동일한 이름과
내용의 경(S.10.3.)이 있다. 경의 이름인 '쑤찔로마(Sūciloma)'
는 '바늘'을 의미하는 '쑤찌(sūci)'와 '머리카락'을 의미하는
'로마(loma)'의 합성어이다. 이것은 야차의 이름인데, 그 야
차의 머리카락이 바늘처럼 뻣뻣하게 곤두서 있기 때문에
붙여진 이름 같다.

이 경은 쑤찔로마 야차의 물음에 붓다가 대답하는 형
식을 취하여, 모든 괴로움은 각자의 마음에서 일어난다는
것을 이야기한다.

⊙

이와 같이 나는 들었습니다.

한때 세존께서 가야(Gāyā)의 땅끼따만짜(Ṭaṃkitamañca)에 있는 쑤찔로마 야차의 영역에 머무셨습니다. 그때 카라(Khara) 야차와 쑤찔로마 야차가 세존 옆으로 지나가다가, 카라 야차가 쑤찔로마 야차에게 "이분은 사문이군."이라고 말했습니다.

쑤찔로마 야차는 '진짜 사문인지, 형색만 사문인지 내가 알아보기 전에는 이 자는 사문이 아니라 사문 형색을 한 자일 뿐이다.'라고 생각하고, 다가가서 세존께 몸을 들이밀었습니다.

세존께서는 몸을 움츠렸습니다.

그러자 쑤찔로마 야차가 세존께 말했습니다.

"사문은 내가 두렵나요?"

"존자여, 나는 결코 그대가 두렵지 않소. 그렇지만 그대와 부딪히는 것은 좋지 않소."

"사문이여, 내가 질문을 하겠소. 만약에 나에게 대답하지 못하면 그대의 마음을 휘저어버리거나, 심장을 찢어버리거나, 두 발을 잡아서 갠지스 강에 던져버리겠소."

"존자여, 나는 천신(天神)과 마라와 범천(梵天)을 포함하는 세간(世間)과 사문과 바라문과 왕과 사람들을 포함하는 인간 가운데서 나의 마음을 휘저어버리거나, 심장을 찢어버리거나, 두 발을 잡아서 갠지스 강에 던져버릴 수 있는 자를 보지 못했다오. 그렇지만 벗이여, 그대가 원한다면 묻도록 하시오."

그러자 쑤찔로마 야차가 세존께 게송으로 말을 걸었습니다.

Sn. 0270.
탐욕과 분노가 일어나는 인연은 어디에 있는가?
애착과 혐오, 털이 서는 공포는 어디에서 생기는가?
아이들이 낚시 바늘 풀어주듯이♦ (의심을 풀어주는)
마음의 사유(思惟)는 어디에서 일어나는가?

♦ 'kumārakā vaṃkam iv' ossajanti'의 번역. 의미가 불분명하다. 다른 판본에서는 'vaṃkam'이 'dhaṃkam'으로 되어 있기 때문에 '낚시 바늘' 대신 '까마귀'로 번역하여 '아이들이 까마귀를 풀어주듯이'로 번역하기도 하는데, 그 역시 의미가 모호하다. 오히려 낚시 바늘을 풀어주듯이 사유를 통해서 의문을 풀어준다는 의미로 해석하는 것이 좋을 것 같다.

Sn. 0271.

탐욕과 분노가 일어나는 인연은 가까운 곳에♦ 있다.

애착과 혐오, 털이 서는 공포는 가까운 곳에서 생긴다.

아이들이 낚시 바늘 풀어주듯이 (의심을 풀어주는)

마음의 사유는 가까운 곳에서 일어난다.

Sn. 0272.

니그로다(nigrodha)가 가지에서 생겨나듯이♦♦

애정에서 생기고 자신에게서 일어난다.

숲속에 매달린 칡넝쿨처럼♦♦♦

감각적 쾌락에 얽매여 있다.

♦ 'ito'의 번역. 'ito'는 '여기에서'의 의미인데, 역자는 '가까운 곳'으로 번역했다. 이
   게송에서 'ito'가 지시하는 것은 '자기 자신'이다. 그래서 '자기 자신'으로 번역할
   수도 있는데, 다음 게송에 '자신'이라는 말이 나오므로 역자는 탐욕과 분노의 원
   인이 멀리 밖에 있는 것이 아니라 가장 가까운 자기 자신 안에 있다는 의미에서
   '가까운 곳'으로 번역했다.

♦♦ 'nigrodhasseva khandhajā'의 번역. 'nigrodha'는 열대 지방에서 자라는 '반얀트
   리'로서 가지에서 뿌리가 내려와 땅에 닿으면 나무로 성장한다. 자신의 가지에
   서 새로운 나무가 생기는 니그로다처럼 자신으로부터 모든 것이 생긴다는 의미
   의 비유이다.

♦♦♦ 'māluvā va vitatā vane'의 번역. 'māluvā'는 '넝쿨 식물'인데, 역자는 우리에게
    익숙한 '칡넝쿨'로 번역했다.

Sn. 0273.

야차여 들어보라!

인연이 어디에 있는지를

통찰하는 사람들은 그것을 제거하고

이후에는 존재[後有]가 되지 않기 위하여♦

예전에 건넌 적 없는

건너기 힘든 거센 강을 건넌다.

♦ 'apunabbhavāyā'의 번역. 존재가 되지 않는다는 것은 5온(五蘊)을 자기 존재로
   취하지 않는다는 것을 의미한다.

6

담마짜리야-숫따
Dhammacariya-sutta

●

가르침의
실천

해제

이 경은 열 개의 가타(偈)로 이루어졌다. 경의 이름인 '담마짜리야(Dhammacariya)'는 '붓다의 가르침'을 의미하는 '담마(dhamma)'와 '행동, 활동'을 의미하는 '짜리야(cariya)'의 합성어로서 '가르침의 실천'을 의미한다.

이 경에서는 붓다의 가르침을 바르게 실천하지 않는 사이비 수행자들을 힘을 모아 몰아낼 것을 강조한다.

"모두가 하나 되어
그를 멀리하라!
껍데기는 날려버리고
쓰레기는 치워버려라!

나아가서 의도가 사악하고

수행의 경계(境界)가 사악한

수행자도 아니면서 수행자 행세하는

쭉정이들을 몰아내라!"(제281~282게)

Sn. 0274.

가르침의 실천[法行]◆과 청정한 수행[梵行]◆◆
이것을 최상의 재산이라고 한다.
집을 버리고 떠난
출가자도 마찬가지다.

Sn. 0275.

그가 만약에 천성(天性)이 말이 많고
상처 주기 좋아하는 금수(禽獸) 같은 자라면
그의 삶은 갈수록 사악해지고
자신은 더욱더 더러워진다.

Sn. 0276.

붓다가 설하고 가르친
가르침도 알지 못하고
다투기 좋아하고
어리석음에 뒤덮인 비구는

◆　'dhammacariyaṃ'의 번역.
◆◆　'brahmacariyaṃ'의 번역.

Sn. 0277.
무명에 끌려다니며
지옥 가는 길인 줄도
알지 못하고
수행 잘한 사람들을 괴롭힌다.

Sn. 0278.
어둠에서 어둠으로
모태에서 모태로
악취(惡趣)에 도달한
비구는 죽은 후에
괴로운 곳에 떨어진다.

Sn. 0279.
오랜 세월 채워진
똥구덩이처럼
이와 같이 죄 많은 자
정화(淨化)하기 어렵다.

Sn. 0280.

비구들아! 알아야 한다.
이와 같이 속세에 묶인 자는
의도가 사악하고 목적이 사악하고
수행의 경계[行境]가 사악하다.

Sn. 0281.

모두가 하나 되어
그를 멀리하라!
껍데기는 날려버리고
쓰레기는 치워버려라!

Sn. 0282.

나아가서 의도가 사악하고
수행의 경계가 사악한
수행자도 아니면서 수행자 행세하는
쭉정이들을◆ 몰아내라!

◆ 'palāpe'의 번역. 원래는 '곡물의 겨'를 의미하는데, 여기에서는 사이비를 의미
   하므로 '쭉정이'로 번역함.

Sn. 0283.

청정한 자들은 청정한 자들과
마음을 모아 함께 살아라!
그리고 현명한 자들아!
한 덩어리 되어 괴로움을 끝내라!

브라마나담미까-숫따
Brahmaṇadhammika-sutta

●

바라문
법도

(法度)

해제

이 경은 도입부의 산문과 32개의 가타(偈), 그리고 말미의 산문으로 이루어졌다. 경의 이름인 '브라마나담미까(Brahmaṇadhammika)'는 사제 계급인 '바라문(婆羅門)'을 의미하는 '브라마나(Brahmaṇa)'와 '법도(法度), 도리(道理)'를 의미하는 '담미까(dhammika)'의 합성어로서 '바라문의 도리나 법도'를 의미한다.

이 경은 늙은 바라문들이 세존을 찾아와서 '요즘의 바라문들이 옛날의 바라문 법도에 맞게 살아가는지'를 묻는 것에서 시작된다. 이것은 당시의 사제 계급인 바라문들이 타락하여 바라문의 법도에 벗어난 삶을 살고 있다는 불교의 시각을 보여준다. 이 경은 당시의 종교적 타락에 대한 붓다의 비판과 바람직한 성직자의 법도를 이야기한다.

⊙

이와 같이 나는 들었습니다.

한때 세존께서 싸왓티의 제따와나 아나타삔디까 사원에 머무셨습니다. 그때 나이 들어 늙고 노쇠한 존경받는 거부(巨富) 바라문들이 세존을 찾아와서 세존과 함께 정중하게 인사를 하고, 공손한 인사말을 나눈 후에 한쪽에 앉았습니다. 한쪽에 앉은 그 거부 바라문들이 세존께 말씀드렸습니다.

"고따마 존자님! 요즘 바라문들은 옛 바라문들의 바라문 법도에 부합하는지요?"

"바라문들이여, 요즘 바라문들은 옛 바라문들의 바라문 법도에 부합하지 않습니다."

"고따마 존자님께서 괜찮으시다면 부디 옛 바라문들의 바라문 법도를 말씀해주십시오."

"바라문들이여, 그렇다면 듣고 잘 생각해보시오. 내가 이야기하겠소."

"존자님! 그렇게 하겠습니다."라고 그 거부 바라문들은 세존께 약속했습니다.

세존께서 말씀하셨습니다.

Sn. 0284.

옛날의 선인(仙人)들은
자신을 다스리는 고행자였다오.
5욕락(五欲樂)을 버리고
자신의 목적을 위해 수행했다오.

Sn. 0285.

바라문들에게는 가축도 없었고
황금도 없었고, 곡물도 없었다오.
가진 것 없이 독송(讀誦)하면서
범천(梵天)의 보물을 지켰다오.

Sn. 0286.

그들을 위해 대문 밖에
음식을 차려주었고
믿음으로 그것을
그들에게 준다고 생각했다오.

Sn. 0287.
형형색색의 옷과
침구와 거처를 가지고
지방과 왕국의 부호들이
그 바라문들을 공경했다오.

Sn. 0288.
바라문들은 죽이거나 약탈할 수 없도록
법의 보호를 받았다오.
그 누구도 가정집 문전에서
그들을 가로막지 않았다오.

Sn. 0289.
그들은 48년 동안
동정(童貞)을 지켰으며
옛 바라문들은
지행합일(知行合一)을 추구했다오.

Sn. 0290.

바라문들은 남에게 가지 않았고♦
아내를 사지도 않았으며
서로 사랑하면서 함께 살았고
함께 모여 함께 즐겼다오.

Sn. 0291.

바라문들은 생리 기간 동안
남편은 금욕을 했으며
그 때문에 음욕에 빠져서
다른 곳에 가지 않았다오.

Sn. 0292.

그들은 범행(梵行)과 계행(戒行)
그리고 정직(正直)과 온화(溫和)
고행(苦行)과 절제(節制)와 비폭력
그리고 관용(寬容)을 찬양했다오.

♦ 'na brāhmaṇā aññaṃ agamuṃ'의 번역. 남에게 가지 않았다는 것은 아내를 얻
기 위하여 다른 가문에 가지 않았다는 의미로 보인다. 바라문 계급은 순수한
혈통을 중시하였기 때문에 같은 가문 사람들과 혼인을 했던 것 같다.

Sn. 0293.
그들 가운데
가장 정력적인 바라문이 있었다오.
그는 음행을
꿈에도 생각하지 않았다오.

Sn. 0294.
어떤 현자들은
그의 덕행을 본받고
범행과 계행
그리고 관용을 찬양했다오.

Sn. 0295.
그들은 쌀과 침구와 옷
그리고 버터를 구걸하여 모아서
법도에 따라 제사를 모셨으며
그 제사에는 소를 죽이지 않았다오.

Sn. 0296.
부모 형제나
다른 친척들처럼
약을 생산하는 소는
가장 훌륭한 벗이라오.

Sn. 0297.
음식을 주고 활력을 주고
미모를 주고 즐거움 주니
그들은 이것을 알고
소를 죽이지 않았다오.

Sn. 0298.
바라문들은 우아하고 큰 몸에
용모가 빼어나고 명성이 있고
해야 할 일과 해서는 안 될 일을
스스로 법도에 따라 실행했으며
그들이 세간에 존재하는 동안
사람들은 즐거움을 얻었다오.

Sn. 0299.
그들은 조금씩
타락했다오.
화려하게 치장한
왕들의 여인들을 보고

Sn. 0300.
화려하게 수놓은
멋지게 꾸민 마차들
여러 구역으로
나누어진 집들을 보고

Sn. 0301.
바라문들은 소들에 둘러싸이고
예쁜 여인들을 거느리는
많은 재산을 가진
부자가 되기를 갈망했다오.

Sn. 0302.

그래서 그들은 만트라*를 엮어서
옥까까(Okkāka) 왕을 찾아갔다오.
당신은 재산과 곡물이 많습니다.
재산이 많으니 제사를 지내시오!
재물이 많으니 제사를 지내시오!

Sn. 0303.

전차(戰車) 부대를 이끄는 왕은
바라문들의 권유를 받고
말 희생제(犧牲祭), 사람 희생제
창 꽂는 제사, 술 올리는 제사
이런 제사들을 장애 없이 지내면서
바라문들에게 재물을 주었다오.

♦   'mante'의 번역. 베다의 문구(文句)나 주문(呪文)을 의미함.

Sn. 0304.
소와 침구와 의복
그리고 치장한 여인들
화려하게 수놓은
멋지게 꾸민 마차들

Sn. 0305.
여러 구역으로 나누어진
아름다운 집들에
갖가지 곡물을 가득 채워서
바라문들에게 재물을 주었다오.

Sn. 0306.
그들은 재물을 얻어 모으기를 좋아했다오.
욕망에 빠질수록 갈애는 커졌다오.
그래서 그들은 만트라를 엮어서
다시 옥까까 왕을 찾아갔다오.

Sn. 0307.

물과 땅과 황금 그리고 재물과 곡물처럼
소도 인간이 살아가는 데 필요합니다.
당신은 재산이 많으니 제사를 지내시오!
당신은 재물이 많으니 제사를 지내시오!

Sn. 0308.

전차 부대를 이끄는 왕은
바라문들의 권유를 받고
수백 수천 마리의 소를
제사를 지내면서 죽였다오.

Sn. 0309.

발로도 뿔로도 그 어떤 것으로도
해치지 않고 우유를 주는
양처럼 유순한 소를
왕은 뿔을 잡고 칼로 죽이게 했다오.

Sn. 0310.
소들에게 칼을 내리칠 때
천신들 조상신들 인드라
그리고 아수라 야차들이
"몹쓸 짓이다!"◆라고 소리쳤다오.

Sn. 0311.
이전에는 욕망과 굶주림과 늙음
이들 세 가지 병만 있었는데
가축들을 도살한 후에
아흔여덟 가지 병이 나타났다오.

Sn. 0312.
이런 몹쓸 폭력은
옛적에 나타났다오.
사제들은 죄 없는 것을 죽이고
법도를 파괴했다오.

◆ 'adhammo'의 번역. 원뜻은 '도리(道理)가 아니다.'이다.

Sn. 0313.
이와 같은 오래된 하잘것없는 관습을
현자들은 비난했다오.
이런 것을 보면 사람들은
사제를 비난한다오.

Sn. 0314.
이와 같이 법도가 무너지자
수드라(노예)와 바이세시카(평민)가 나누어지고
크샤트리아는 제각기 갈라지고
남편은 아내를 무시하게 되었다오.

Sn. 0315.
크샤트리아나 범천의 친족◆
가문의 보호 받는 다른 계급도
가문의 명성은 내팽개치고
쾌락을 얻는 데 몰두한다오.

◆ 바라문 계급을 의미함.

이와 같이 말씀하시자, 그 거부 바라문들은 이렇게 말했습니다.

"훌륭합니다. 고따마 존자여! 훌륭합니다. 고따마 존자여! 고따마 존자여, 마치 뒤집힌 것을 바로 세우는 것 같고, 감추어진 것을 드러내는 것 같고, 길 잃은 자에게 길을 알려주는 것 같고, '눈 있는 자들은 보라.'고 어둠 속에 등불을 비춰주는 것 같습니다. 이와 같이 고따마 존자께서는 여러 가지 방법으로 진리를 알려주셨습니다. 고따마 존자여, 그래서 저희들은 고따마 존자님께 귀의합니다. 가르침과 비구 승가에 귀의합니다. 고따마 존자님께서는 저희들을 청신사(清信士)로 받아주소서. 지금부터 살아 있는 날까지 귀의하겠나이다."

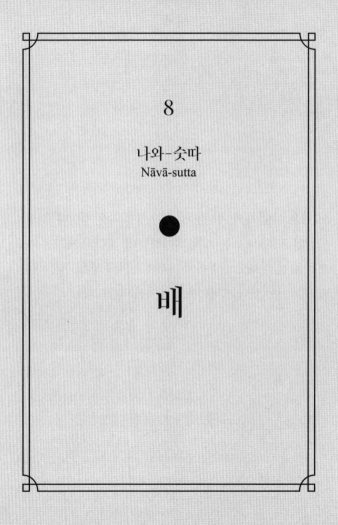

8

나와-숫따
Nāvā-sutta

●

배

해제

이 경은 여덟 개의 가타(偈)로 이루어진 작은 경이다. 경의 이름인 '나와(Nāvā)'는 배를 의미하는데, 붓다의 제자는 가르침을 잘 배우고 실천하여 고해(苦海)의 중생을 구제하는 배가 되어야 한다는 의미에서 붙여진 이름이다.

Sn. 0316.

남에게 법(法)을 배운 사람은
천신들이 인드라를 공경하듯이
청정한 마음으로 그를 공경하라!
많이 배운 사람은 법을 천명하라!♦

Sn. 0317.

신중하게 주의를 기울이는 현자는
가르침[法]을 여법(如法)하게 실천하나니♦♦
그런 분을 부지런히 가까이 모시면
현명하고 지혜롭고 유식(有識)해진다.

Sn. 0318.

의미는 모르면서 시기심만 많은
소인배와 우매한 자 따라다니면
가르침을 이해하지 못한 채로
의혹 극복 못하고 죽음에 이른다.

♦ 'bahussuto pātukaroti dhammaṃ'의 번역.
♦♦ 'dhammānudhammaṃ paṭipajjamāno'의 번역.

Sn. 0319.
물이 깊고 빨리 흐르는
강에 빠진 사람이
물에 따라 흘러가면서
어찌 다른 사람 건네줄 수 있으리오.

Sn. 0320.
마찬가지로 법을 이해 못하고
많이 배운 사람에게 배우지 않아
자신도 모르고 의혹 극복 못하고서
어찌 다른 사람 가르칠 수 있으리오.

Sn. 0321.
모든 것을 아는 능숙한 현자가
노와 키를 갖춘
튼튼한 배에 올라
많은 사람을 건네주듯이.

Sn. 0322.
이와 같이 수승한 지혜 갖추고
수행 잘하고 많이 배워 흔들림 없는 사람은
가까이 앉아서 귀를 기울이는
다른 사람들이 알도록 가르친다.

Sn. 0323.
그러므로 현명하고 많이 배운
참사람을 가까이 모셔라!
의미를 알고 실천하면서
법을 이해하는 자 행복을 얻으리.

9

끼씰라-숫따
Kiṃsīla-sutta

●

어떤
계행을

해제

이 경은 일곱 개의 가타(偈)로 이루어졌다. 경의 이름인 '낑 씰라(Kiṃsīla)'는 의문사 '낑(kiṃ)'과 '계행(戒行)'을 의미하는 '씰라(sīla)'의 합성어로서 이 경의 주제가 '삶을 바르게 확립하고 최상의 이익을 얻기 위해서 어떤 계행을 실천해야 하는가?'이기 때문에 붙여진 이름이다.

Sn. 0324.
사람은 어떤 계행과
어떤 행위 어떤 업(業)을 행해야
삶이 바르게 확립되고
최상의 이익을 얻게 되는가?

Sn. 0325.
어른을 존경하고 시기하지 않고
때가 될 때마다 스승을 뵙고
설법하는 때를 놓치지 말고
잘 설해진 말씀을 경청하라!

Sn. 0326.
수시로 스승을 찾아가 뵙고
고집을 버리고 조신(操身)하라!
목적(目的)과 가르침, 자제(自制)와 범행(梵行)을
깊이 명심하고 반드시 실천하라!

Sn. 0327.

가르침을 즐기고 가르침을 좋아하고
가르침에 머물면서 가르침을 판단할 줄 알고
가르침을 더럽히는 말을 하지 말고
잘 설해진 그대로 따르라!

Sn. 0328.

농담 갈망 한탄(恨歎) 분노
속임수 위선 탐욕과 교만
격정 난폭 추태(醜態) 혼미 다 버리고
자만하지 말고 평온하게 살아가라!

Sn. 0329.

잘 설해진 것이 이해의 핵심이다.♦
배워서 이해하는 것이 삼매의 핵심이다.♦♦
성급하고 게으른 사람은
지혜[般若]와 배움이 늘지 않는다.

♦　잘 설해진 가르침을 이해하는 것이 이해의 핵심이라는 의미이다.
♦♦　삼매의 핵심은 가르침을 잘 배우고 이해하는 데 있다는 의미이다.

Sn. 0330.
성자의 가르침을 즐기는 사람들은
말과 마음과 행동이 최상이다.
그들은 배움과 지혜의 핵심에 도달하여
삼매가 확립되고 고요하고 온화하다.

10

웃타나-숫따
Uṭṭhāna-sutta

●

일어나라!

해제

이 경은 네 개의 가타(偈)로 이루어진 작은 경이다. 경의 이름인 '웃타나(Uṭṭhāna)'는 '일으켜 세운다'는 뜻이다. 이 경은 죽음을 앞에 두고 있음을 명심하고 열심히 정진할 것을 가르친다.

Sn. 0331.
일어나 앉아라!
잠을 자면 너희에게 무슨 이익 있겠는가?
화살 맞아 괴로운 고통 속에
잠이 웬 말인가?

Sn. 0332.
일어나 앉아라!
고요한 삶을 위해 열심히 공부하라!
죽음의 왕이 방일한 줄 알고
그대들을 현혹하여 지배하지 않도록.

Sn. 0333.
천신과 인간들이 묶여서 원하며
머물고 있는 애착을 극복하라!
찰나도 허송(虛送) 말라! 기회를 놓치면
지옥에 떨어져서 통곡하리라.

Sn. 0334.
게으름이 더러운 때다.
때는 게으름에서 생긴다.
게으름 피우지 말고 명지(明智)로써
자신에게 박힌 화살을 뽑아라!

11

라훌라-숫따
Rāhula-sutta

●

라훌라

해제

이 경은 붓다가 라훌라(Rāhula)에게 설하신 것으로서 여덟
개의 가타(偈)로 이루어졌다. 라훌라는 붓다의 아들로서 7
세에 붓다의 손에 이끌려 출가하였다. 이 경은 붓다가 어
린 라훌라에게 수행자의 삶을 가르친 것이다.

Sn. 0335.
자주 보며 지낸다고
현자를 몰라보진 않느냐?
사람들의 지도자를
너는 공경하느냐?

Sn. 0336.
자주 보며 지낸다고
현자를 몰라보지 않습니다.
사람들의 지도자를
저는 공경합니다.

Sn. 0337.
매력 있고 기쁨 주는
5욕락(五欲樂)을 버리고
확신을 가지고 집을 떠나서
괴로움을 끝내도록 하라!

Sn. 0338.

좋은 벗을 사귀어라!
한적하고 조용한 곳에 살면서
음식의 양을 알아
적절하게 먹어라!

Sn. 0339.

옷이나 발우 같은 자구(資具)
그리고 거처(居處)
이런 것들을 갈망하지 말고
다시 세간으로 돌아가지 말라!

Sn. 0340.

별해탈율의(別解脫律儀)와
다섯 지각활동을 잘 지키고
몸에 대하여 주의집중하고
세속의 욕망을 멀리 떠나라!

Sn. 0341.
탐욕을 가져오는
예쁜 모습 멀리하라.
추한 것을 보아도 변함없는
한결같은 마음을 닦아라!

Sn. 0342.
모습을 차별 않는[無相] 수행을 하라!
그리고 잠재적 아만(我慢)을 버려라!
그러면 아만을 꿰뚫어보고
고요하게 지낼 수 있을 것이다.

바로 이렇게 세존께서는 라훌라 존자를 이들 게송으
로 자주 가르치셨습니다.

12

왕기싸-숫따
Vaṅgīsa-sutta

●

왕기싸
존자

해제

이 경은 도입부의 산문과 16개의 가타(偈)로 이루어졌다. 왕기싸(Vaṅgīsa)는 붓다의 제자의 이름이다. 왕기싸 존자가 자신의 친교사(親教師)인 니그로다깝빠(Nigrodhakappa) 장로(長老)가 죽자, 니그로다깝빠 장로가 완전하게 열반했는지 알고 싶어서 세존을 찾아가 물음으로써 이 경이 시작된다.

　이 경에서 우리가 주목할 내용은 "그는 이름과 형색[名色]에 대한 갈애를 끊었다. 오랜 세월 잠재하던 어두운 흐름을 끊고 태어남과 죽음[生死]을 남김없이 극복했다."는 말씀이다. 생사를 극복하기 위해서 해야 할 일은 이름과 형색에 대한 갈애를 끊는 일이라는 이 말씀을 통해 우리가 극복해야 할 생사는 생물학적인 생사가 아니라 이름과 형색을 분별하는 우리의 마음에 생긴 망상이라는 것을 알 수 있다.

⊙

이와 같이 나는 들었습니다.

한때 세존께서 알라위(Ālavī)의 악갈라와(Aggālava) 탑묘(塔廟)에 머무셨습니다. 그때 왕기싸 존자의 친교사인 니그로다깝빠라는 장로가 악갈라와 탑묘에서 완전하게 열반[般涅槃]한 지 얼마 되지 않았습니다. 왕기싸 존자는 홀로 좌선하는 가운데 마음에 '나의 친교사님은 완전하게 열반하셨을까, 완전하게 열반하지 못하셨을까?'라는 생각이 일어났습니다. 왕기싸 존자는 저녁때 좌선에서 일어나 세존을 찾아가서 예배하고 한쪽에 앉아 세존께 말씀드렸습니다.

"세존이시여, 제가 홀로 좌선하는 가운데 마음에 '나의 친교사님은 완전하게 열반하셨을까, 완전하게 열반하지 못하셨을까?'라는 생각이 일어났습니다."

왕기싸 존자는 자리에서 일어나 가사(袈裟)를 한쪽 어깨에 걸치고 세존께 합장한 후에 세존께 게송으로 말씀드렸습니다.

Sn. 0343.

지금 여기에서 의혹을 끊어버린
지혜 수승(殊勝)하신 스승님께 묻습니다.
완전한 적멸(寂滅)을 성취한 명성 있고
저명한 비구가 악갈라와에서 죽었습니다.

Sn. 0344.

세존께서는 니그로다깝빠라는 이름을
그 바라문에게 지어주셨습니다.
법을 보는 분이시여!
그는 그 이름을 존중하면서
열정적으로 해탈을 구했습니다.

Sn. 0345.

두루 보시는[普眼] 싹까(Sakka)♦여!
우리 모두는 그 제자에 대하여 알고 싶습니다.
이미 들을 준비가 되었습니다.
당신은 스승입니다. 위없는 스승입니다.

♦ 'Sakka'는 인드라(Indra)천, 즉 제석천을 의미한다. 여기에서는 붓다를 세상을
   빠짐없이 살펴보는 제석천에 비유하고 있다.

Sn. 0346.

우리의 의혹을 끊어주세요. 저에게 말해주세요.
완전하게 열반[般涅槃]했는지 알려주세요.
지혜 크신 분이시여! 두루 보시는 분이시여!
천신들의 천 개의 눈을 지닌
싹까께서 지금 우리에게 말해주세요.

Sn. 0347.

어리석게 만들고 무지하게 만들고
의혹을 갖게 하는 그 어떤 속박도
인간 가운데 최상의 안목(眼目) 갖춘
여래를 알고 나면 존재하지 않습니다.

Sn. 0348.

바람이 먹구름을 날려버리듯
누군가 오염(汚染)을 제거하지 않으면
일체의 세간은 어둠에 휩싸여
사람들이 밝게 빛나지 못할 것입니다.

Sn. 0349.

현자들은 빛을 만드시는 분
저는 당신을 그러한 현자라고 생각합니다.
우리는 통찰력 있는 지자(知者)에게 왔습니다.
여기 모인 대중에게 깝빠에 대하여 밝혀주세요.

Sn. 0350.

아름다운 음성으로 어서 말해주세요.
백조가 목을 뽑고 부드럽게 노래하듯
낭랑하고 우아하게 말해주세요.
저희 모두 성심껏 듣겠습니다.

Sn. 0351.

태어남과 죽음(生死)을 남김없이 버리신
청정한 법 지닌 분께 말씀드리겠습니다.
결코 욕심대로 행하는 범부에게 하는 말이 아니라
생각대로 행하시는 여래께 드리는 말씀입니다.

Sn. 0352.

당신은 완전하게 기별(記別)하시는 분♦

올바른 지혜로 그것을 파악하신 분입니다.

온몸을 구부려서 합장 공경하옵니다.

지혜 수승한 분이시여! 아는 것을 감추지 마소서!

Sn. 0353.

이 세상 저세상의♦♦ 거룩한 법을 아시는

지혜 수승한 분이시여! 아는 것을 감추지 마소서!

뜨거운 여름에 물을 갈구하듯이

말씀을 갈구합니다. 청문(聽聞)의 비 내리소서!

♦ 'sampannaveyyākaraṇan'의 번역. '기별(記別)'로 번역한 'veyyākaraṇa'는 수행
자가 죽은 후의 일을 알려주는 것을 의미한다.

♦♦ 'parovaraṃ'의 번역. 'parovara'는 피안(彼岸)을 의미하는 'para'와 차안(此岸)을
의미하는 'avara'의 합성어로서 오직 여기에만 나오는 말이다. 문맥상 깝빠가
죽어서 어디로 갔는지를 묻는 질문이기 때문에 '이 세상 저세상'으로 번역함.

Sn. 0354.

깝빠가 청정한 수행을 한 목적

그것이 헛되지는 않았나요?

그는 취착을 가지고 열반했는지, 해탈했는지

저는 그것을 듣고자 합니다.

Sn. 0355.

세존께서 말씀하시기를,

그는 이름과 형색[名色]에 대한 갈애를 끊었다.

오랜 세월 잠재하던 어두운 흐름을 끊고

태어남과 죽음[生死]을 남김없이 극복했다.

이렇게 다섯 가지가 수승하신♦ 세존께서 말씀하셨습
니다.

♦ 'paññaseṭṭho'의 번역. 여기에서 계행(戒行)이나 안목(眼目)과 같은 여래의 다섯 가
지 수승한 점을 의미한다.

Sn. 0356.

최상의 선인(仙人)이시여! 이 말씀을 듣고
저는 당신의 말씀을 기꺼이 믿습니다.
실로 제 질문이 헛되지 않았군요.
바라문이여◆ 당신은 저를 속이지 않았군요.

Sn. 0357.

말한 대로 실행한
부처님의 제자는
죽음의 신이 속임수로 펼쳐놓은
질긴 그물을 끊어버렸군요.

◆　바라문은 왕기싸의 스승인 깝빠를 의미한다.

Sn. 0358.

세존님! 깝삐야(Kappiya)♦는

취착(取著)의 시작점을♦♦ 보았군요.

실로 건너기 힘든

죽음의 왕국을 건너갔군요.

♦ Nigrodhakappa의 간략한 표현.

♦♦ 'ādiṃ upādānassa'의 번역. 취착(取著, upādāna)은 유(有)의 조건이며, 유(有)는 생
(生)의 조건이다. 즉 취착(取著, upādāna)은 생사의 원인이다. 제354게에서는 열반
한 깝빠가 취착을 가지고 열반했는지 아니면 취착에서 해탈했는지를 물었고,
이 게송에서는 깝빠가 취착의 출발점, 즉 생사가 연기하는 출발점인 명색(名色)
을 보고 생사에서 벗어나 해탈했다는 것을 이야기하고 있다.

13

쌈마빠립바자니야-숫따
Sammāparibbājaniya-sutta

●

올바른
유행
(遊行)

해제

이 경은 17개의 가타(偈)로 이루어졌다. 경의 이름인 '쌈마빠립바자니야(Sammāparibbājaniya)'는 '올바른'을 의미하는 '쌈마(sammā)'와 수행하면서 떠돌아다니는 '유행(遊行)'을 의미하는 '빠립바자니야(paribbājaniya)'의 합성어로서 '올바른 유행'을 의미한다. 경의 제목이 보여주듯이, 이 경은 출가 수행자가 세간에서 바르게 유행하는 법을 이야기한다.

Sn. 0359.
피안(彼岸)에 건너가 반열반(般涅槃)에 머무시는
지혜 크신 성자님께 묻습니다.
어떤 비구가 세간에서
바르게 유행할 수 있나요?

Sn. 0360.
세존께서 말씀하시기를
누군가를 위하여 축원(祝願)하고 예언(豫言)하고
해몽(解夢)하고 관상(觀相) 보는 짓이나
길흉화복(吉凶禍福)을 점치지 않는 비구
세간에서 바르게 유행할 수 있다.

Sn. 0361.
인간과 천상의 쾌락에 대한
욕망을 버리고 존재[有]를 뛰어넘고
법(法)을 아는 비구는
세간에서 바르게 유행할 수 있다.

Sn. 0362.
돌아서서 중상(中傷)하지 않고
화내고 인색한 짓 하지 않고
만족과 불만을 버린 비구는
세간에서 바르게 유행할 수 있다.

Sn. 0363.
사랑도 내려놓고 미움도 내려놓고
집착도 내려놓고 어디에도 의존 않고
결박에서 벗어난 비구는
세간에서 바르게 유행할 수 있다.

Sn. 0364.
집착의 대상에 실체 없음을 알고
집착에 대한 욕탐을 버리고
의존 않고 남에게 이끌리지 않으면
세간에서 바르게 유행할 수 있다.

Sn. 0365.
정법(正法)을 알아서
말과 생각과 행동이 어긋나지 않고
열반을 희구(希求)하는 비구는
세간에서 바르게 유행할 수 있다.

Sn. 0366.
'나를 존경한다.'고 거만하지 않고
비난받아도 마음에 두지 않고
남에게 대접받고 우쭐하지 않는 비구
세간에서 바르게 유행할 수 있다.

Sn. 0367.
욕심을 버리고 존재[有]를♦ 내려놓고
자르고 결박하는 폭력을 내려놓고
의혹을 극복하고 화살♦♦ 뽑은 비구는
세간에서 바르게 유행할 수 있다.

♦   'bhava'의 번역. 생사(生死)의 조건이 되는 존재[有]는 5온(五蘊)을 취하여 유지되
    는 자기존재이다.
♦♦ 사견(邪見)을 화살에 비유함.

Sn. 0368.
자신의 분수를 알고
세상 어느 것도 해치지 않고
있는 그대로 법을 아는 비구는
세간에서 바르게 유행할 수 있다.

Sn. 0369.
그 어떤 잠재적 성향도 없고
불선(不善)의 뿌리를 뽑아버리고
원하거나 바라는 것 없는 비구는
세간에서 바르게 유행할 수 있다.

Sn. 0370.
번뇌를 소멸하고 아만(我慢)을 버리고
모든 탐욕을 뛰어넘어
반열반에 머무는 수행 잘된 비구는
세간에서 바르게 유행할 수 있다.

Sn. 0371.
믿음 있고 배움 있고 바른 길 보고
무리 속에 있지만 추종하지 않는
탐욕과 분노와 증오 버린 현자(賢者)는
세간에서 바르게 유행할 수 있다.

Sn. 0372.
법을 통달하여 피안에 도달한
동요하지 않고 행(行)의 소멸 잘 아는
장막을 걷어낸 청정한 승리자는
세간에서 바르게 유행할 수 있다.

Sn. 0373.
과거에 대해서도 미래에 대해서도
시간을 초월한 청정한 지혜 가진
일체의 입처(入處)에서♦ 벗어난 비구는
세간에서 바르게 유행할 수 있다.

♦　'sabbāyatanehi'의 번역. 일체의 입처(入處āyatana)는 12입처를 의미한다.

Sn. 0374.
구경지(究境智)로 법구(法句)를 통달하여
번뇌[漏]의 소멸을 훤히 보면서
일체의 집착을 말려버린 비구는
세간에서 바르게 유행할 수 있다.

Sn. 0375.
세존님! 참으로 그러겠군요!
이와 같이 살면서 수행 잘된 비구는
일체의 결박에서 벗어나
세간에서 바르게 유행할 수 있겠군요.

14

담미까-숫따
Dhammika-sutta

●

청신사

(清信士)

담미까

해제

29개의 가타(偈)로 이루어진 이 경은 담미까(Dhammika)라는 재가제자의 '붓다의 제자는 어떻게 행동해야 하는가?'라는 질문에 대한 붓다의 가르침이다. 이 경에서 붓다는 출가자에게는 두타행법(頭陀行法)을 가르치고, 재가자에게는 8재계(八齋戒)를 가르친다.

⊙

이와 같이 나는 들었습니다.

한때 세존께서 싸왓티의 제따와나 아나타삔디까 사원에 머무셨습니다. 그때 청신사(清信士) 담미까가 세존을 찾아와서 세존께 예배한 후에 한쪽에 앉았습니다. 한쪽에 앉은 청신사 담미까가 세존께 게송으로 말씀드렸습니다.

Sn. 0376.

지혜 크신 고따마께 묻습니다.
당신의 훌륭한 제자는
재가자나 출가자로서
어떻게 행동해야 하나요?

Sn. 0377.

당신은 천신을 포함한 세간의
길과 목적지를 잘 아시는 분
비할 바 없는 선견지명이 있는 당신을
사람들은 훌륭한 붓다라고 말합니다.

Sn. 0378.

당신은 모든 것을 다 아시니
분명하게 법도(法度)를 알려주소서!
장막을 제거하고 두루 보는 분이시니
티 없는 당신께서 중생들을 연민하사
일체의 세간에 광명을 비추소서!

Sn. 0379.

제석천의 코끼리 에라와나(Erāvaṇa)가
이전에 '승리자'란 이름을 듣고 왔다지요.
그는 당신의 충고를 받고
'고맙다'고 듣고 나서 기뻐했다지요.

Sn. 0380.

비사문천왕(毘沙門天王)◆ 꾸웨라(Kuvera)도
당신께 와서 법(法)을 물었다지요.
그의 질문을 받고 분명하게 설명하자
그는 듣고 나서 기뻐했다지요.

◆   사천왕(四天王) 가운데 북방천왕.

Sn. 0381.

논쟁에 익숙한 어떤 외도(外道)도

사명외도(邪命外道)나 니간타(Nigaṇṭha) 같은 자들도

서 있는 자가 달리는 사자를 따라잡지 못하듯이

모두 당신을 넘어설 수 없습니다.

Sn. 0382.

논쟁에 익숙한 어떤 바라문도

제아무리 노숙(老宿)한 바라문일지라도

남들이 논사(論師)라고 여기는 자들도

당신에게 배우기를 원한답니다.

Sn. 0383.

세존님! 당신이 잘 설명하신

이 법은 미묘하고 행복한 것이군요.

우리 모두 그것을 듣고자 원합니다.

지고하신 붓다여! 우리의 질문에 답해주소서!

Sn. 0384.

출가와 재가의 모든 제자가

듣기 위해 이렇게 함께 앉아 있습니다.

제석천의 좋은 말씀 천신들이 듣듯이

티 없는 분 깨달은 법 듣게 하소서!

Sn. 0385.

비구들이여, 나의 말을 들어라!

그대들에게 출가자에게 적합한 처신법(處身法)인

두타행법(頭陀行法)을♦ 설하리니 모두 명심하라!

현명하게 이익을 보고 그것을 실천하라!

♦ 'dhammaṃ dhutaṃ'의 번역. 두타(頭陀)로 한역된 'dhuta'는 출가자의 청정한 수행법을 의미한다. 일반적으로 두타행(頭陀行)으로 다음의 12가지를 든다. 1) 재아란야처(在阿蘭若處) : 한적한 숲속에 거주함. 2) 상행걸식(常行乞食) : 항상 걸식으로 생활함. 3) 차제걸식(次第乞食) : 빈부를 가리지 않고 순서대로 걸식함. 4) 수일식법(受一食法) : 하루 한 끼만 먹음. 5) 절량식(節量食) : 일곱 집을 차례로 걸식하여 얻은 발우 안의 음식으로 만족함. 6) 중후부득음장(中後不得飮漿) : 정오 이후에는 과실즙 같은 음료를 마시지 않음. 7) 착폐납의(著弊衲衣) : 헌 옷을 빨아 기워 입음. 8) 단삼의(但三衣) : 중의(重衣), 상의(上衣), 내의(內衣) 세 벌의 옷만을 소유함. 9) 총간주(塚間住) : 무덤 사이에 머물면서 수행함. 10) 수하지(樹下止) : 나무 아래에 머물면서 수행함. 11) 노지좌(露地坐) : 풀이 없는 땅에 앉아서 수행함. 12) 단좌불와(但坐不臥) : 잘 때도 눕지 않고 앉아서 잠.

Sn. 0386.

비구는 때가 아닐 때 돌아다니면 안 된다.

정해진 때에 마을에 탁발을 가야 한다.

정해진 때가 아닐 때 가면 집착을 품게 된다.

그래서 깨달은 이들은 때가 아닐 때 가지 않는다.

Sn. 0387.

형색과 소리 향기와 맛

그리고 촉감은 중생들을 유린(蹂躙)한다.

이들 법에 대한 욕망을 버리고

정해진 때에 아침 식사하러 (마을에) 들어가야 한다.

Sn. 0388.

비구는 정해진 때에 탁발 음식 얻어서

돌아와 홀로 외딴 곳에 앉아

밖으로 마음이 흩어지지 않도록

안으로 자신을 다스려야 한다.

Sn. 0389.

제자든 타인(他人)이든 그 어떤 비구든
그들과 함께 대화하게 된다면
수승한 가르침을 이야기하고
중상(中傷)이나 남들을 비난해선 안 된다.

Sn. 0390.

어떤 이들은 토론을 적대적(敵對的)으로 한다.
그들에게 여기저기 집착이 들러붙는다.
그들은 거기에서 마음을 멀리 내보낸다.♦
지혜가 천박한 이들을 우리는 칭찬하지 않는다.

Sn. 0391.

탁발 음식과 거처(居處) 잠자리와 방석
그리고 가사(袈裟)를 세탁할 물을
선서(善逝)가 설한 가르침을 들은
지혜 수승한 제자는 생각하며 써야 한다.

♦ 마음을 집중하지 못한다는 의미이다.

Sn. 0392.

그래서 탁발 음식과 거처 잠자리와 방석
그리고 가사를 세탁할 물에
비구는 물들지 않아야 한다.
연꽃에 물방울이 묻지 않듯이

Sn. 0393.

다음으로 어떻게 해야 훌륭한 제자가 되는지
그대들에게 재가자가 할 일을 일러주리라.
혼자서 사는 비구의 법도는
아내와 사는 이가 성취할 수 없다.

Sn. 0394.

생명을 죽이거나 죽이도록 시키면 안 된다.
다른 사람이 죽이는 것을 허용해서도 안 된다.
동물이든 식물이든 이 세간에 있는
모든 존재에 대한 폭력을 버려야 한다.

Sn. 0395.

무엇이든 어디서든 주지 않는 것을
제자가 알고 있다면 빼앗지 말라!
빼앗도록 시켜도 안 되고 허용해도 안 된다.
주지 않는 어떤 것도 빼앗지 말라!

Sn. 0396.

뜨겁게 타오르는 숯불을 멀리하듯
현자는 부도덕한 삶을 멀리해야 한다.
청정한 범행(梵行)을 행할 수는 없어도
남의 아내를 범해서는 안 된다.

Sn. 0397.

집회에 가서든 모임에 가서든 개인에게든
거짓말을 해서는 안 된다.
거짓말하도록 시켜도 안 되고 허용해도 안 된다.
모든 거짓말을 멀리하라!

Sn. 0398.
이 가르침을 좋아하는 재가자는
'미치게 만든다'는 것을 알고
술을 마시면 안 된다.
마시게 해도 안 되고 허용해도 안 된다.

Sn. 0399.
어리석은 자는 취중(醉中)에 악행을 저지르고
방일한 다른 사람들이 악행을 저지르게 한다.
이런 미치고 혼란스럽고 멍청한
덕(德) 될 것 없는 곳은 피해야 한다.

Sn. 0400.
살생하지 말라! 주지 않는 것 취하지 말라!
거짓말하지 말라! 술 마시지 말라!
부도덕한 음행을 삼가라!
때 아닌 음식[非時食]을 밤에 먹지 말라!

Sn. 0401.

몸치장을 하거나♦ 향(香)을 바르지 말라!
땅 위에서 침상(寢牀)을 놓거나 자리를 깔고 자라!♦♦
이것은 괴로움을 극복한 붓다가 알려준
8재계(八齋戒)라고 하는 것이다.

Sn. 0402.

보름 가운데 14일과 15일
그리고 8일에 포살(布薩)을 행하라!♦♦♦
길일(吉日)인 포살일(布薩日)에 행복한 마음으로
8재계를 충실하게 잘 지켜라!

♦　'mālaṃ dhāraye'의 번역. 원뜻은 '화환(花環)을 착용하다'인데, '몸치장하다'라
　는 의미로 번역함.
♦♦　호사스런 잠자리를 피하라는 의미.
♦♦♦　보름은 15일 동안을 의미한다. 그동안에 제8일, 제14일, 제15일 세 차례 포살
　을 행하라는 말씀이다. 한 달을 30일로 보면 8일, 14일, 15일, 23일, 29일, 30
　일 여섯 차례 포살을 행해야 한다.

Sn. 0403.
현자는 아침 일찍 포살을 행하고
기쁜 마음으로 감사하면서
먹을 것과 마실 것을 적절하게
비구 승가와 함께 나누어라!

Sn. 0404.
여법하게 부모를 봉양하라!
적법하게 거래하라!
이렇게 열심히 사는 재가자는
스스로 빛나는 천신(天神)이 된다.

제 3 장

마하 왁가

Mahā-vagga

대품

(大品)

해제

제3장 「마하 왁가(Mahā-vagga)」는 12개의 숫따(經)로 구성
되어 있고, 그 속에 261개의 가타(偈)가 들어 있다. '마하
(Mahā)'는 '크다'는 의미인데, 제2장은 적은 분량의 작은 숫
따(經)를 모았기 때문에 「쭐라 왁가(Cūla-vagga)」라고 불렀
고, 이 장은 많은 분량의 큰 숫따(經)를 모았기 때문에 「마
하 왁가」라고 이름 붙인 것이다.

　이 장의 첫 경과 둘째 경은 붓다의 출가와 정진에 대한
것으로서 붓다의 행적을 살펴볼 수 있는 매우 중요한 경
이다. 이 밖에도 붓다가 당시의 여러 부류의 인물들과 만
나서 설한 경들이 많기 때문에 이를 통해 당시의 사회상
이나 수행풍토를 엿볼 수 있다.

1

빠밧자-숫따
Pabbajjā-sutta

●

출가
(出家)

해제

이 경의 이름인 '빠밧자(Pabbajjā)'는 수행자의 출가(出家)를 의미한다. 이 경에서는 붓다의 출가에 대한 이야기를 다루기 때문에 경의 이름을 '빠밧자'라고 한 것이다. 20개의 가타(偈)로 이루어진 이 경은 마가다(Magadha)의 왕 빔비싸라(Bimbisāra)가 출가한 붓다를 만난 이야기를 전하고 있다.

Sn. 0405.

눈뜬 분이 어떻게 출가했는지
어떤 생각하면서 기꺼이 출가했는지
그분의 출가에 대하여
내가 이야기하리라.

Sn. 0406.

속가의 삶은 번잡한 홍진세계(紅塵世界)
출가는 아무런 걸림 없는 노지(露地)
이와 같이 보시고
그분은 출가했다네.

Sn. 0407.

출가하신 후에는
몸으로 짓는 악행 버리고
몹쓸 말 하지 않고
삶을 정화(淨化)했다네.

Sn. 0408.

여러 가지 수승한 상호(相好) 갖추신
붓다는 탁발 음식 얻기 위하여
산으로 둘러싸인 마가다 국의
라자가하(Rājagaha)에 가게 됐다네.

Sn. 0409.

누각에 서 있던 빔비싸라는
그분을 보았다네.
상호(相好) 구족하신 분을 보고 난 후에
그는 이런 말을 했다네.

Sn. 0410.

그대들은 이분을 살펴보아라!
준수한 모습은 장대(壯大)하고 청아(淸雅)하다.
발걸음도 고상(高尙)한 이분은
한 발짝 앞만 보며 걷고 있구나.♦

♦   'yugamattam pekkhati'의 번역. 'yugamattam'은 소의 멍에만큼의 길이, 즉 1
    미터 정도를 의미하기 때문에 '한 발짝 앞'으로 번역함.

Sn. 0411.
눈을 내리뜨고 주의집중하는 이분
천한 집안 출생이 결코 아니리.
왕의 사자(使者)야! 따라가 보아라!
수행자가 어디로 가는지.

Sn. 0412.
명을 받은 왕의 사자들은
그를 뒤따라갔다네.
수행자는 어디로 가는 것일까?
수행자는 어디에 사는 것일까?

Sn. 0413.
그는 차례로 걸식하면서
지각활동 수호하고 잘 제어하여
주의집중을 놓치지 않고
얼른 발우(鉢盂)를 채웠다.

Sn. 0414.

탁발을 마치고
성(城)을 나온 성자는
빤다와(Paṇḍava) 산으로 갔다.
그는 여기에 머무나 보다.

Sn. 0415.

거처에 도착한 것을 보고
사자들은 그곳으로 다가갔다네.
한 사자는 왕에게 가서
이렇게 아뢰었다네.

Sn. 0416.

대왕이시여! 그 수행자는
빤다와 산 앞의 동굴 속에
호랑이처럼 황소처럼
사자처럼 앉아 있습니다.

Sn. 0417.

사자의 말을 들은 크샤트리아는
화살같이 빠른 수레를 타고♦
서둘러서 빤다와 산으로
길을 떠났다네.

Sn. 0418.

차도(車道)를 달려간 그 크샤트리아는
수레에서 내려
그에게 다가가
가까이 앉았다네.

Sn. 0419.

자리에 앉은 왕은
정중한 인사말을 나누고
대화를 나누면서
이런 말을 했다네.

♦ 'bhaddayānena'의 번역. 'bhadda'는 '길상(吉祥), 화살, 황소' 등의 의미가 있다. 따라서 'bhaddayāna'는 '훌륭한 수레'라고 할 수도 있고 '황소가 끄는 수레'라고 할 수 있다. 그렇지만 문맥상 왕이 붓다를 보기 위해 급히 서둘러서 길을 떠났기 때문에 '화살같이 빠른 수레'로 번역했다.

Sn. 0420.
당신은 갓 피어난
나이 어린 젊은 청년으로서
수려한 용모를 갖고 태어난
크샤트리아가 아닌지요?

Sn. 0421.
코끼리 부대를 앞세운 으리으리한
최상의 군대를 그대에게 드리리니
이 선물 받고 내가 질문한
당신의 출생을 알려주세요.

Sn. 0422.
왕이여, 히말라야 산기슭에
올곧은 사람들의 나라가 있습니다.
부와 권력을 갖추고
꼬살라(Kosala)에 살고 있습니다.

Sn. 0423.
종족의 이름은 태양족이고,
가문의 이름은 싸끼야(Sākiya; 釋迦)입니다.
왕이여, 나는 쾌락에 뜻이 없어
그 가문에서 출가했습니다.

Sn. 0424.
쾌락에서 재난을 보고
욕망에서 벗어남[離欲]을 안온(安穩)으로 보고
나는 정진(精進)하러 가려고 합니다.
그래서 내 마음은 기쁘답니다.

2

빠다나-숫따
Padhāna-sutta

●

정진

(精進)

해제

이 경의 이름인 '빠다나(Padhāna)'는 정진(精進)을 의미한
다. 25개의 가타(偈)로 이루어진 이 경은 붓다가 네란자라
(Nerañjara) 강가에서 고행(苦行)할 때의 모든 유혹을 뿌리치
고 정진하는 굳은 결심을 악마 나무찌(Namucī)와의 대화 형
식으로 전한다.

Sn. 0425.
네란자라 강가에서
열심히 선정(禪定)을 닦아
더할 나위 없는 행복을 얻고자
정진에 전념하는 나를 향하여

Sn. 0426.
악마 나무찌가
연민(憐憫)의 말을 하며 다가왔다네.
그대는 여위고 안색(顏色)이 어둡군요.
그대에게 죽음이 임박(臨迫)했군요.

Sn. 0427.
당신이 죽지 않고 살 수 있는
가망(可望)은 천에 하나랍니다.
살아야지요. 사는 것이 더 낫지요.
존자여, 살아야 공덕도 짓지요.

Sn. 0428.
청정한 범행(梵行)을 실천하고
불의 신에게 제물을 바치면
많은 공덕(功德)이 쌓일 터인데
정진은 하여서 무엇 하나요?

Sn. 0429.
정진의 길은 어렵고도 힘들고
성취하기도 어렵답니다.
이러한 게송을 읊으면서
마라(Māra)는 붓다 앞에 서 있었다네.

Sn. 0430.
이런 말을 하는 마라에게
세존은 이렇게 말씀하셨네.
게으른 족속 빠삐만(Pāpiman)아!
너는 무엇 하러 여기 왔느냐?

Sn. 0431.
나는 공덕에는 조금도 뜻이 없다.
마라여! 그런 말은
공덕에 뜻이 있는
사람에게 하는 말이다.

Sn. 0432.
나에게는 믿음이 있다.
그리고 정력과 지혜도 있다.
이와 같이 스스로 정진하는 나에게
어찌하여 목숨을 거론하는가?

Sn. 0433.
이 바람은◆ 흐르는
강물도 말려버릴 터인데
어찌 스스로 정진하는
나의 피가 마르지 않겠는가?

◆   열정적인 정진을 의미한다.

Sn. 0434.
피가 마르면 담즙과 가래도 마르고
살이 빠지면 마음은 더욱더 맑아지리라.
나의 주의집중과 지혜
그리고 삼매는 더욱 확고해지리라.

Sn. 0435.
이와 같이 지내면서
최상의 느낌을 성취한
내 마음은 쾌락을 바라지 않는다.
보라, 청정한 영혼을!

Sn. 0436.
너의 첫째 군대는 쾌락이지.
둘째는 불만(不滿)이라고 부르지.
셋째는 굶주림과 목마름이지.
넷째는 갈애(渴愛)라고 말하지.

Sn. 0437.

다섯째는 나태와 무기력이지.

여섯째는 두려움이라고 말하지.

일곱째는 의심이지.

여덟째는 위선과 고집이지.

Sn. 0438.

이익과 명성과 지위를

삿되게 얻고서

자신을 높이고

남을 업신여기는 자.

Sn. 0439.

나무찌여! 이들이 너의 군대지.

검은 악마 깡하(Kaṇha)와의 전쟁에서◆

겁쟁이는 승리하지 못하겠지만

나는 승리하고 즐거움을 얻으리.

◆ 'Kaṇhassābhippahāraṇī'의 번역. 'kaṇha'는 원래 '검은색'을 의미하는데, '어둠, 죄악, 악마'의 의미를 갖는다.

Sn. 0440.

문자(Muñja) 풀을 걸치고♦ 살아간다면

이 얼마나 수치스런 일인가!

나는 패배하고 사느니

차라리 싸우다가 죽는 게 낫다.

Sn. 0441.

지금 어떤 사문이나 바라문도

가라앉아서 보이질 않는구나.

현자(賢者)가 가는 길을

아는 자들이 없구나.

Sn. 0442.

코끼리를 탄 마라와

그가 거느리는 모든 군대를

보았으니 나는 싸우겠다.

나를 가로막지 말라!

♦ 'esa muñjaṃ parihare'의 번역. 'muñja'는 갈대 같은 풀이다. 'muñja'를 걸친다
는 것은 전쟁에서 항복하는 것을 의미한다.

Sn. 0443.

천신(天神)을 포함하여 세간(世間)은
너의 군대를 이길 수 없지만
나는 지혜로 깨부수리라!
바위로 흙 단지를 깨부수듯이.

Sn. 0444.

너에게서 승리를 거둔 후에는
목적과 주의집중 잘 확립하여
많은 제자들을 가르치면서
이 나라 저 나라를 돌아다니리.

Sn. 0445.

그들은 게으름을 피우지 않고
스스로 열심히 나의 가르침을 따라
감각적 욕망을 버리고
슬퍼할 일 없는 곳에 가게 되리라.

Sn. 0446.
7년 동안 가시는 발길을 따라
우리는 세존을 뒤따랐지만
주의집중하시는 정각자(正覺者)에게
접근할 기회조차 얻지 못했네.

Sn. 0447.
기름칠한 듯이 매끄러운 바위를
까마귀가 이리저리 돌아다니며
"여기에서 부드러운 먹이를 찾아야지.
맛있는 것들이 있겠지."

Sn. 0448.
그곳에서 맛있는 것 얻지 못하고
까마귀가 그곳을 떠나가듯이
우리도 바위에 간 까마귀처럼
실망하고 고따마를 떠나는구나.

Sn. 0449.
슬픔을 억누르지 못한 나머지
옆구리에서 비파(琵琶)가 떨어졌다네.
그 후에 야차는 상심(傷心)하여
그곳에서 모습을 감추었다네.

3

쑤바씨따-쑷따
Subhāsita-sutta

●

훌륭한 말

해제

도입부와 중간의 산문, 그리고 네 개의 가타(偈)로 이루어
진 이 경의 이름 '쑤바씨따(Subhāsita)'는 '말, 언어'를 의미하
는 '바씨따(bhāsita)'에 '좋은, 아름다운'을 의미하는 접두사
'쑤(su)'가 붙은 것으로서 '훌륭한 말'을 의미한다.

　우리가 사용하는 언어는 인간 상호간에 소통을 가능
하게 하고 관계를 맺어주는 매우 중요한 것이다. 붓다가
인간의 행위를 말씀하시면서 신업(身業)과 의업(意業)은 각
각 세 가지로 말씀하시면서 구업(口業)은 네 가지로 말씀하
신 것을 보더라도, 붓다가 언어 활동을 얼마나 중요하게
생각했는지를 짐작할 수 있다. 이러한 중요한 언어 활동
을 수행자는 어떻게 해야 하는지를 이 경은 짧지만 분명
하게 이야기한다.

⊙

이와 같이 나는 들었습니다.

한때 세존께서 싸왓티의 제따와나 아나타삔디까 사원에 머무셨습니다. 그때 세존께서 말씀하셨습니다. "비구들이여, 못된 말이 아닌, 허물이 없고, 비난받지 않고 현명한 네 가지 훌륭한 말이 있다오. 그 넷은 어떤 것인가? 비구들이여, 수행자는 못된 말은 하지 않고 훌륭한 말을 하고, 비법(非法)은 말하지 않고 법(法)을 말하고, 불쾌한 말은 하지 않고 유쾌한 말을 하고, 거짓은 말하지 않고 진실을 말한다오. 비구들이여, 이들이 못된 말이 아닌, 허물이 없고, 비난받지 않고 현명한 네 가지 훌륭한 말이라오."

세존께서는 이런 말씀을 하셨습니다. 이런 말씀을 하신 후에 선서께서, 스승님께서 이렇게 말씀하셨습니다.

Sn. 0450.
참사람들은 말한다네. 훌륭한 말이 첫째라고.
둘째는 비법(非法) 아닌 법(法)을 말하고,
셋째는 불쾌하지 않은 유쾌한 말
넷째는 거짓 아닌 진실을 말하라고.

그러자 왕기싸 존자가 자리에서 일어나 가사(袈裟)를 한쪽 어깨에 걸치고 세존께 합장한 후에 세존께 말씀드렸습니다.

"선서시여, 저에게 생각이 떠올랐습니다."

"왕기싸여, 생각을 말해보아라!"라고 세존께서 말씀하셨습니다.

왕기싸 존자는 적절한 게송으로 찬탄했습니다.

Sn. 0451.
자신을 괴롭히지 않고
남을 해치지 않는
이런 말을 해야 합니다.
이런 말이 훌륭한 말입니다.

Sn. 0452.
그 말이 기쁨을 주는
유쾌한 말을 해야 합니다.
다른 사람에게 해를 주지 않는
유쾌한 말을 해야 합니다.

Sn. 0453.

진실은 불멸(不滅)의 언어입니다.♦

이 법(法)은 만고불변(萬古不變)입니다.♦♦

진실 속에서 의미와 법을 확립하라고

참사람들은 말했습니다.

Sn. 0454.

열반을 성취하도록

괴로움을 끝내도록

붓다께서 하신 안온한 말씀

실로 말씀 중에 최상입니다.

♦ 'saccaṃ ve amatā vācā'의 번역.
♦♦ 'esa dhammo sanantano'의 번역.

4

쑨다리까 바라드와자-숫따

Sundarika-bhāradvāja-sutta

쑨다리까 바라드와자 바라문

해제

『쌍윳따니까야』의 제7 「바라문–쌍윳따(Brāhmaṇa-saṃyutta)」에도 가타(偈)의 내용은 약간 다르지만 이 경과 동일한 이름의 경(S.7.9.)이 있다.

이 경은 산문과 운문이 혼합된 형태로서 32개의 가타(偈)가 있다. 이 경의 주인공 쑨다리까 바라드와자(Sundarika-bhāradvāja)는 쑨다리까(Sundarika) 강 언덕에서 불에 제사를 지내기 때문에 '쑨다리까'라고 불리는 바라드와자(Bhāradvāja) 가문의 바라문이다.

이 경에서 붓다는 출생에 의해 인간의 신분이 정해지는 당시의 계급제도를 비판하고, 인간의 행위가 인간의 귀천(貴賤)을 결정한다고 역설한다.

"출생을 묻지 말고 행위를 물어야 한다네.

어떤 나무에서도 불은 생긴다네.

출생이 천해도 수치(羞恥)를 알고 자제하면

그는 확실한 고귀한 성자라네."(제462게)

⊙

이와 같이 나는 들었습니다.

세존께서 꼬쌀라(Kosala)에 있는 쑨다리까 강 언덕에 머무실 때, 쑨다리까 바라드와자 바라문은 쑨다리까 강 언덕에서 불의 신에게 헌공(獻供)하고 제화(祭火)를 올렸습니다. 쑨다리까 바라드와자 바라문은 불의 신에게 헌공하고 제화를 올린 후에 자리에서 일어나 사방을 두루 둘러보았습니다.

"헌공하고 남은 이 음식을 누군가가 먹었으면 좋겠는데."

쑨다리까 바라드와자 바라문은 어떤 나무 아래에서 머리를 가리고 앉아 있는 세존을 보았습니다. 그는 왼손으로는 남은 음식을 들고, 오른손으로는 물병을 들고, 세존에게 다가갔습니다. 세존께서는 쑨다리까 바라드와자 바라문의 발자국 소리를 듣고 머리를 드러냈습니다. 그러자 쑨다리까 바라드와자 바라문은 "이 존자는 삭발했네! 이 존자는 삭발했네!"라고 하면서 그곳에서 다시 돌아가려고 생각했습니다. 그러다가 쑨다리까 바라드와자 바라문은 '하긴 어떤 바라문들은 삭발을 하지! 내가 다가가서 혈통을 물어봐야겠다.'라고 생각했습니다.

쑨다리까 바라드와자 바라문은 다가가서 세존에게 말했습니다.

"존자는 출생이 어찌되나요?"

그러자 세존께서 쑨다리까 바라드와자 바라문에게 게송으로 말씀하셨습니다.

Sn. 0455.

나는 바라문도 아니고 왕자도 아니라오.

바이샤도 아니고♦ 그 무엇도 아니라오.

범부들의 혈통이야 잘 알지만, 현자여!

나는 가진 것 없이 세간에서 유행한다오.

Sn. 0456.

머리를 깎고 고요한 마음으로

사람들에 의해 물들지 않고

집 없이 가사 입고 떠도는 나에게

바라문이여! 혈통을 묻는 것은 옳지 않다오.

♦ 'na vessāyano'의 번역. 'vessāyano'는 'vaiṣya'의 빠알리어 표기로서 평민 계급을 말한다.

Sn. 0457.

존자여! 바라문들은 바라문들과 만나면
'바라문이 아니신지요?'라고 묻습니다.
그대가 그대를 '바라문'이라고 부르고, 나를 바라문이
아니라고 부른다면
나는 그대에게 3행 24음절의 싸위티(Sāvittī)◆에 대하여
묻겠습니다.

Sn. 0458.

"선인들, 인간들, 크샤트리아, 바라문들은 이 세간에서
무엇 때문에 천신들에게 여러 가지 제사를 지내나요?"
"제사를 지낼 때 궁극에 이른 지혜로운 이가
어떤 사람의 헌공을 받으면
그 사람은 좋은 결실 얻는다고 나는 말한다오."

◆   유명한 베다(Veda)의 찬가(讚歌).

Sn. 0459.

바라문이 말하기를

실로 그의 헌공은 좋은 결실이 있을 것입니다.

그런 지혜로운 분을 우리는 보았습니다.

당신 같은 분을 뵙지 못했다면

다른 사람이 제사 떡을 먹었을 것입니다.

Sn. 0460.

바라문이여! 그렇다면 그대는 가까이 와서

이익이 될 만한 질문을 하시오.

여기에서 그대는 평온하고 고요하고

차분하고 욕망 없고 현명한 이를 얻을 것이오.

Sn. 0461.

고따마 존자여, 저는 제사를 좋아합니다.

제사를 지내고 싶은데 저는 알지 못합니다.

존자여, 저에게 가르쳐주세요.

어디에 헌공해야 좋은 결실 있는지 말해주세요.

Sn. 0462.

출생을 묻지 말고 행위를 물어야 한다네.
어떤 나무에서도 불은 생긴다네.
출생이 천해도 수치(羞恥)를 알고 자제하면
그는 확실한 고귀한 성자라네.

Sn. 0463.

진실이 몸에 배고 자제(自制)가 몸에 익은
범행(梵行)을 끝내고 구경지(究境智)를 이룬 분들.
그분들께 적절한 때에 헌공해야 한다네.
공덕을 바라는 바라문은 그분들께 공양해야 한다네.

Sn. 0464.

쾌락을 버리고 집 없이 유행(遊行)하는
똑바로 오가는 (베틀의) 북처럼 자신을 잘 제어하는 분들.
그분들께 적절한 때에 헌공해야 한다네.
공덕을 바라는 바라문은 그분들께 공양해야 한다네.

Sn. 0465.

라후(Rāhu)◆의 손아귀를 벗어난 달처럼
욕망에서 벗어나 집중하고 지각활동을 하는 분들.
그분들께 적절한 때에 헌공해야 한다네.
공덕을 바라는 바라문은 그분들께 공양해야 한다네.

Sn. 0466.

사랑하는 것을 버리고 언제나 주의집중하며
집착 없이 세간에서 유행하는
그분들께 적절한 때에 헌공해야 한다네.
공덕을 바라는 바라문은 그분들께 공양해야 한다네.

Sn. 0467.

쾌락을 버리고 승리를 거둔
생사(生死)의 끝을 아는
호수처럼 시원한 열반을 이룬
여래(如來)는 제사 떡을 받을 만하네.

◆　아수라(阿修羅) 왕의 이름. 라후(Rāhu)가 해와 달을 삼키면 일식(日蝕)과 월식(月蝕)
　　이 일어난다고 한다.

Sn. 0468.

같은 이들과 평등하고♦ 다른 자들과 멀리 떨어진♦♦
이 세상 저세상에 물들지 않는
여래는 끝없는 지혜 갖춘 분.
여래는 제사 떡을 받을 만하네.

Sn. 0469.

속임수와 교만을 벗어던진 분.
탐욕 없고 아집(我執) 없고 갈망하지 않고
분노를 몰아내고 적멸(寂滅)을 얻은
그 바라문은 슬픔의 때 벗겨냈으니
여래는 제사 떡을 받을 만하네.

Sn. 0470.

마음의 집착을 내버렸기에
그에게는 어떤 재산도 없고
이 세상도 저세상도 집착하지 않으니
여래는 제사 떡을 받을 만하네.

♦ 'samo samehi'의 번역. 과거의 여래들과 평등하다는 의미.
♦♦ 'visamehi dūre'의 번역. 중생들과는 현격한 차이가 있다는 의미.

Sn. 0471.

마음을 집중하여 거센 강물을 건너고
최상의 안목으로 법(法)을 알아
번뇌[漏]를 소멸하고 최후의 몸[最後身]♦을 지닌
여래는 제사 떡을 받을 만하네.

Sn. 0472.

파괴하고 소멸한 그에게는
존재[有]의 번뇌[漏]와 거친 말이 없다네.
그 현자는 모든 것에서 해탈했으니
여래는 제사 떡을 받을 만하네.

Sn. 0473.

집착을 초월한 그에게는 집착이 없다네.
자만심에 집착하는 사람들 가운데 자만심이 없고
괴로움의 터전을 잘 아나니
여래는 제사 떡을 받을 만하네.

♦ 'antimadeha'의 번역. 생사유전(生死流轉)하는 마지막 몸. 이후로는 생사유전하
지 않는다는 뜻.

Sn. 0474.
욕망에 기대지 않고 멀리 여읨[遠離]을 보는
남들이 아는 견해에서 벗어난
그에게는 어떤 욕망의 대상도 없으니
여래는 제사 떡을 받을 만하네.

Sn. 0475.
알고 파괴하고 소멸한 그에게는
높고 낮은 법이 없다네.
취(取)를 소멸하고 해탈하여 적멸하니
여래는 제사 떡을 받을 만하네.

Sn. 0476.
속박과 태어남의 소멸과 끝을 보고
탐욕의 길을 남김없이 제거하여
청정하고 흠 없고 때 없이 맑은
여래는 제사 떡을 받을 만하네.

Sn. 0477.

자신에서 자아(自我)를 보지 않고
집중하고 흔들리지 않고 똑바로 가는
욕망 없고 의혹 없고 마음이 열린
여래는 제사 떡을 받을 만하네.

Sn. 0478.

어떤 미혹함도 그에게는 없다네.
모든 법을 알고 본다네.
최후의 몸을 지니고
위없이 행복한 정각(正覺)을 이뤘으니
여래는 제사 떡을 받을 만하네.

Sn. 0479.

이처럼 훌륭한 현자에게 드리는
나의 헌공은 참된 헌공 될지어다.
범천(梵天)이 증인이 되소서!
세존님! 저의 헌공 받으소서!
세존님! 저의 제사 떡을 드소서!

Sn. 0480.

게송 읊어 받은 음식 먹을 수 없네.
바르게 보는 자의 법이 아니네.
깨달은 이들은 품삯 받지 않는다네.
바라문이여, 그것이 옳은 법이라네.

Sn. 0481.

번뇌가 소멸하고, 악행이 멸진한,
독존(獨存)에 이른 위대한 선인(仙人)을
먹고 마실 것으로 달리 공양하시오!
그것이 복 구하는 밭[福田]이라오.

Sn. 0482.

세존님! 저는 알고 싶습니다.
나 같은 사람의 공양을 먹을 분을.
제사 때 누구를 찾아야 할지
당신의 가르침을 받고 싶습니다.

Sn. 0483.
격분이 사라지고
마음이 청정하고
쾌락에서 해탈하고
나태하지 않는 분.

Sn. 0484.
번뇌를 제거하고
생사를 잘 아는
거룩한 인격 갖춘
이러한 성자가 제사에 오면

Sn. 0485.
교만을 버리고
합장하고 공경하면서
먹을 것과 마실 것을 공양할지니
이와 같은 공양이 좋은 결실 있다오.

Sn. 0486.

존자여! 위없는 복전(福田)인 붓다는
제사 떡을 받을 만하다오.
그분에게 올리는 공양은
일체 세간에 큰 결실이 있다오.

그러자, 쑨다리까 바라드와자 바라문은 이렇게 말씀
드렸습니다.

"놀랍습니다! 고따마 존자님! 놀랍습니다! 고따마
존자님! 고따마 존자님! 마치 뒤집힌 것을 바로 세우
는 것 같고, 감추어진 것을 드러내는 것 같고, 길 잃
은 자에게 길을 알려주는 것 같고, '눈 있는 자들은
보라.'고 어둠 속에 등불을 비춰주는 것 같습니다. 이
와 같이 고따마 존자께서는 여러 가지 방법으로 진
리를 알려주셨습니다. 고따마 존자님! 그래서 저는
고따마 존자님께 귀의합니다. 가르침과 비구 승가에
귀의합니다. 고따마 존자님! 저는 고따마 존자님 앞
으로 출가하여 구족계를 받고자 합니다."

쑨다리까 바라드와자 바라문은 세존 앞으로 출가하
여 구족계를 받았습니다.

쑨다리까 바라드와자 바라문은 구족계를 받자 곧 홀로 외딴곳에서 열심히 노력하고 정진하며 지냈습니다. 그리고 오래지 않아 선남자(善男子)들이 출가하는 목적인 위없는 청정한 수행[梵行]의 완성을 지금 여기에서 스스로 체득하고 성취하여 살았습니다. 그는 '생(生)은 소멸했다. 청정한 수행을 완성했으며, 해야 할 일을 끝마쳤다. 다시는 이와 같은 상태로 되지 않는다.'라는 것을 체득했습니다. 그리하여 쑨다리까 바라드와자 존자는 아라한(阿羅漢) 가운데 한 분이 되었습니다.

5

마가-숫따
Māgha-sutta

●

바라문청년
마가

해제

도입부와 마무리의 산문과 23개의 가타(偈)로 이루어진
이 경은 마가(Māgha)라는 바라문청년의 질문으로 시작된
다. 마가는 붓다에게 우리가 제사를 통해서 공양을 올려야
할 대상은 누구이고, 제사의 목적은 무엇인가를 묻는다.

　당시의 바라문들은 하늘의 신에게 제사를 올리면 그
신의 은혜를 받아 원하는 것을 얻을 수 있다고 믿었다. 이
경에서 붓다는 이러한 제사를 비판한다. 붓다는 공양을
올려야 할 대상은 하늘에 있는 천신들이 아니라 세상을
밝히는 훌륭한 수행자들이며, 제사의 목적은 마음을 청정
하게 하는 것이라고 가르친다. 이와 같이 붓다는 이 경에
서 종교의 의미를 새롭게 정의하고 있다.

⊙

이와 같이 나는 들었습니다.

세존께서 라자가하에 있는 깃자꾸따(Gijjhakūṭ) 산(靈鷲山)
에 머무실 때, 바라문청년 마가가 세존을 찾아와서 세
존과 함께 정중하게 인사를 하고, 공손한 인사말을 나
눈 후에 한쪽에 앉았습니다. 한쪽에 앉은 바라문청년
마가가 세존께 말씀드렸습니다.

"고따마 존자님! 저는 구하는 것을 베풀어주는 마음이
너그러운 시주(施主)로서 정당하게 재물을 구하여 정당
하게 얻고 정당하게 취득한 재산으로 한 사람에게 베풀
기도 하고, 두 사람에게 베풀기도 하고, 세 사람에게 베
풀기도 하고, 네 사람, 다섯 사람, 여섯 사람, 일곱 사람,
여덟 사람, 아홉 사람, 열 사람에게 베풀기도 하고, 스무
사람, 서른 사람, 마흔 사람, 쉰 사람에게 베풀기도 하
고, 백 사람에게 베풀기도 하고 더 많은 사람들에게 베
풀기도 합니다. 고따마 존자님! 이와 같이 베풀고 보시
하는 저는 얼마나 많은 공덕을 지은 것일까요?"

"바라문청년이여, 이와 같이 베풀고 보시하는 그대는
실로 많은 공덕을 지은 것이라오. 구하는 것을 베풀어
주는 마음이 너그러운 시주로서 정당하게 재물을 구하

여 정당하게 얻고 정당하게 취득한 재산으로 한 사람에
게 베풀기도 하고, 두 사람에게 베풀기도 하고, 세 사람
에게 베풀기도 하고, 네 사람, 다섯 사람, 여섯 사람, 일곱
사람, 여덟 사람, 아홉 사람, 열 사람에게 베풀기도 하고,
스무 사람, 서른 사람, 마흔 사람, 쉰 사람에게 베풀기도
하고, 백 사람에게 베풀기도 하고 더 많은 사람들에게 베
풀기도 하는 사람은 많은 공덕을 짓는 것이라오."
그러자 바라문청년 마가가 세존께 게송으로 말을 걸었
습니다.

Sn. 0487.
바라문청년 마가가 말하기를,
가사 입고 집 없이 세간에서 유행하는
너그러운 고따마 존자님께 묻습니다.
공덕을 목적으로 공덕 구해 헌공(獻供)하고
남들에게 먹을 것과 마실 것을 주고
구하는 것 베푸는 재가(在家) 시주는
어디에 헌공해야 정화(淨化)되나요?♦

♦ 'kattha hutaṃ yajamānassa sujjhe'의 번역. 누구에게 헌공을 해야 악업(惡業)이
깨끗해지는지를 묻고 있다.

Sn. 0488.
세존께서 말씀하시기를, 마가여!
공덕을 바라고 공덕 구해 헌공하고
남들에게 먹을 것과 마실 것을 주고
구하는 것 베푸는 재가 시주는
공양 받을 만한 분들에 의해 목적을 이룬다오.

Sn. 0489.
바라문청년이 말하기를,
공덕을 바라고 공덕 구해 헌공하고
남들에게 먹을 것과 마실 것을 주고
구하는 것 베푸는 재가 시주에게
공양 받을 만한 분들을 세존께서 제게 알려주세요!

Sn. 0490.
집착하지 않고 가진 것 없이 세간에서 유행하는
자신을 제어하는 독존(獨存)을 성취한 분들
그분들께 적절한 때에 헌공해야 한다네.
공덕을 바라는 바라문은 그분들께 공양해야 한다네.

Sn. 0491.

일체의 속박과 결박을 끊고

절제되고 해탈하여♦ 평온하고♦♦ 갈망 없는

그분들께 적절한 때에 헌공해야 한다네.

공덕을 바라는 바라문은 그분들께 공양해야 한다네.

Sn. 0492.

일체의 속박에서 벗어나

절제되고 해탈하여 평온하고 갈망 없는

그분들께 적절한 때에 헌공해야 한다네.

공덕을 바라는 바라문은 그분들께 공양해야 한다네.

Sn. 0493.

탐욕과 분노와 어리석음 버리고

범행(梵行)을 끝내고 번뇌를 멸진(滅盡)하신

그분들께 적절한 때에 헌공해야 한다네.

공덕을 바라는 바라문은 그분들께 공양해야 한다네.

♦ 'dantā vimuttā'의 번역.
♦♦ 'anighā'의 번역.

Sn. 0494.

속임수와 교만을 벗어던진 분들
탐욕 없고 아집(我執) 없고 갈망하지 않는
그분들께 적절한 때에 헌공해야 한다네.
공덕을 바라는 바라문은 그분들께 공양해야 한다네.

Sn. 0495.

갈애(渴愛)에 빠지지 않고 거센 강물을 건너가
이기심(利己心) 없이♦ 유행하는 분들
그분들께 적절한 때에 헌공해야 한다네.
공덕을 바라는 바라문은 그분들께 공양해야 한다네.

Sn. 0496.

이 세상이든 저세상이든 세간 어디에도
존재[有]에도 비존재[非有]에도♦♦ 갈애가 없는
그분들께 적절한 때에 헌공해야 한다네.
공덕을 바라는 바라문은 그분들께 공양해야 한다네.

♦   'amamā'의 번역.
♦♦   'bhavābhavāya'의 번역.

Sn. 0497.

쾌락을 버리고 집 없이 유행(遊行)하는

똑바로 오가는 (베틀의) 북처럼 자신을 잘 제어하는 분들

그분들께 적절한 때에 헌공해야 한다네.

공덕을 바라는 바라문은 그분들께 공양해야 한다네.

Sn. 0498.

라후(Rāhu)의 손아귀를 벗어난 달처럼

욕망에서 벗어나 집중하고 지각활동을 하는 분들

그분들께 적절한 때에 헌공해야 한다네.

공덕을 바라는 바라문은 그분들께 공양해야 한다네.

Sn. 0499.

욕망에서 벗어나 원한 없고 고요한

(저세상의 존재를) 버려서 이 세상에서 갈 곳이 없는

그분들께 적절한 때에 헌공해야 한다네.

공덕을 바라는 바라문은 그분들께 공양해야 한다네.

Sn. 0500.

남김없이 생사(生死)를 내버리고
일체의 의혹을 벗어난 분들
그분들께 적절한 때에 헌공해야 한다네.
공덕을 바라는 바라문은 그분들께 공양해야 한다네.

Sn. 0501.

자신을 등불 삼아 세간에서 유행하는
가진 것 없이* 모든 것에서 해탈하신
그분들께 적절한 때에 헌공해야 한다네.
공덕을 바라는 바라문은 그분들께 공양해야 한다네.

Sn. 0502.

'이것이 마지막 존재다. 이후의 존재[後有]는 없다.'**
여기에서 이것을 사실 그대로 아는 분들
그분들께 적절한 때에 헌공해야 한다네.
공덕을 바라는 바라문은 그분들께 공양해야 한다네.

♦   'akiñcanā'의 번역.
♦♦   'ayam antimā n' atthi punabhavo ti'의 번역.

Sn. 0503.

선정을 즐기며 주의집중하는 현자
많은 이들의 귀의처가 되는 정각자(正覺者)
그분에게 적절한 때에 헌공해야 한다네.
공덕을 바라는 바라문은 그분에게 공양해야 한다네.

Sn. 0504.

실로 제 질문이 헛되지 않았군요.
세존께서 제게 공양 받을 만한 분들을 알려주시는군요.
당신은 이것을 사실 그대로 아시는군요.
이 법을 당신은 사실대로 아시는군요.

Sn. 0505.

바라문청년 마가가 말하기를,
공덕을 목적으로 공덕 구해 헌공하고
남들에게 먹을 것과 마실 것을 주고
구하는 것 베푸는 재가 시주가
제사 성취하는 법을 세존께서 제게 알려주세요.

Sn. 0506.

세존께서 말씀하시기를, 마가여!
제사를 지낼 때는 어떤 경우에도
마음을 청정하게 하고 제사를 지내시오.
제사를 지내는 이유는
제사에 의지하여 악의(惡意)를 버리는 것이라오.

Sn. 0507.

탐욕을 버리고 분노를 내려놓고
밤낮으로 부지런히 끊임이 없이
한없는 자애심(慈愛心)을 일으켜
한량없이 온 세상을 가득 채우시오.

Sn. 0508.

청정해지고 해탈하고 속박되는 자는 누구인가요?
어떻게 해야 범천(梵天)에 가나요?
무지한 저의 물음에 성자께서 답해주세요!
저에게는 지금 세존이 범천으로 보입니다.
당신이 곧 범천인 것은 진실입니다.
어찌해야 찬란한 범천세계에 태어나나요?

Sn. 0509.

세존께서 말씀하시기를, 마가여!

세 가지 제사법을♦ 성취하여 제사 지내는 이는

공양 받을 만한 분들에 의해 목적을 이룬다오.

이와 같이 제사 지내고 구하는 것 바르게 베푸는 이는

범천세계에 태어난다고 나는 말한다오.

이와 같이 말씀하시자, 바라문청년 마가는 이렇게 말했습니다.

"훌륭합니다. 고따마 존자여! 훌륭합니다. 고따마 존자여! 고따마 존자여, 마치 뒤집힌 것을 바로 세우는 것 같고, 감추어진 것을 드러내는 것 같고, 길 잃은 자에게 길을 알려주는 것 같고, '눈 있는 자들은 보라.'고 어둠 속에 등불을 비춰주는 것 같습니다. 이와 같이 고따마 존자께서는 여러 가지 방법으로 진리를 알려주셨습니다. 고따마 존자여, 그래서 저는 고따마 존자님께 귀의합니다. 가르침과 비구 승가에 귀의합

♦ 세 가지 제사법은 제507게에서 이야기한 탐욕을 버리고 분노를 내려놓고 자애심을 일으키는 것이다.

니다. 고따마 존자님께서는 저를 청신사(淸信士)로 받아주소서. 지금부터 살아 있는 날까지 귀의하겠나이다.”

6

싸비야-숫따
Sabhiya-sutta

●

편력 수행자
싸비야

해제

이 경의 주인공 싸비야(Sabhiya)는 출가하여 편력하는 수행자다. 붓다가 활동하던 시기에 인도의 사상계는 매우 혼란했다. 정통 바라문교가 타락하자, 이를 비판하고 출가하여 진리의 깨달음을 추구하는 새로운 사상가들이 우후죽순처럼 나타났다. 이들이 소위 사문(沙門)으로 불리는 편력 수행자들인데, 붓다도 그들 가운데 한 사람이며, 싸비야도 마찬가지다.

앞 경에서는 바라문청년 마가를 내세워 당시의 사제 계급, 즉 바라문에 대하여 이야기했고, 이 경에서는 편력 수행자 싸비야를 내세워 출가 수행자에 대하여 이야기한다.

⊙

이와 같이 나는 들었습니다.

한때 세존께서는 라자가하의 웰루와나 깔란다까니와빠(Veḷuvana Kalandakanivāpa)[竹林精舍]에 머무셨습니다.

그때 편력 수행자 싸비야에게 조상신(祖上神)이[♦] 질문을 하도록 지시했습니다.

"싸비야야! 네가 사문이나 바라문에게 이 질문을 하여 대답하면 그분 밑에서 청정한 수행[梵行]을 하여라!"

편력 수행자 싸비야는 조상신에게 그 질문을 배운 다음에 많은 사람들의 큰 존경을 받는 사문이나 바라문들, 예를 들면, 뿌라나 깟싸빠(Pūraṇa Kassapa), 막칼리 고쌀라(Makkhali Gosāla), 아지따 께싸깜발린(Ajita Kesakambalin), 빠꾸다 깟짜야나(Pakudha Kaccāyana), 싼자야 벨랏티뿟따(Sañjaya belaṭṭhiputta), 니간타 나따뿟따(Nigaṇṭha Nātaputta) 같은 교단의 명성 있는 유명한 지도자, 스승, 교조(敎祖)들을 찾아가서 그들에게 질문을 했습니다.

편력 수행자 싸비야의 질문을 받은 그들은 답변하지 못했으며, 답변은 하지 않고 화를 내고, 성을 내고, 불

♦   'purāṇasālohitā devatā'의 번역. 원뜻은 이전의 친족인 천신(天神)인데, 죽어서 천신이 된 친족을 의미하므로 조상신(祖上神)으로 번역함.

만을 드러내면서 도리어 편력 수행자 싸비야에게 되
묻기까지 했습니다. 그래서 편력 수행자 싸비야는
'많은 사람들의 큰 존경을 받는, 사문이나 바라문들
을 찾아가서 그들에게 질문을 했지만 그들은 나의
질문에 답변하지 못했으며, 답변은 하지 않고 화를
내고, 성을 내고, 불만을 드러내면서 도리어 나에게
되묻기까지 했다. 차라리 환속(還俗)하여 쾌락을 즐기
는 것이 나을 것 같다.'라고 생각했습니다.

그러다가 편력 수행자 싸비야에게 '고따마 사문도
많은 사람들의 큰 존경을 받는 교단의 명성 있는 유
명한 지도자이며, 스승이며, 교조다. 그러니 고따마
사문을 찾아가서 이 질문을 해보면 어떨까?'라는 생
각이 들었습니다. 그렇지만 편력 수행자 싸비야는
'뿌라나 깟싸빠, 막칼리 고쌀라, 아지따 께싸깜발린,
빠꾸다 깟짜야나, 싼자야 벨랏티뿟따, 니간타 나따뿟
따 같은 출가한 지 오래된 경험 많은, 나이 들어 늙고
노쇠한 만년의 원로(元老) 사문이나 바라문 존자들도
나의 질문에 답변하지 못했고, 답변은 하지 않고, 화
를 내고, 성을 내고, 불만을 드러내면서 도리어 나에
게 되묻기까지 했다. 그런데 출가한 지 얼마 되지 않

은 젊은 고따마 사문이 어떻게 나의 질문에 답변할
수 있겠는가?'라고 생각했습니다.

그러다가 편력 수행자 싸비야는 '수행자가 젊다고
해서 얕보거나 무시하면 안 된다. 젊은 수행자일지
라도 큰 신통과 큰 위력이 있을 수 있다. 그러므로 고
따마 사문을 찾아가서 이 질문을 하는 것이 좋겠다.'
라고 생각했습니다.

그래서 편력 수행자 싸비야는 라자가하로 길을 떠났
습니다. 그는 여행을 계속하여 라자가하의 웰루와나
깔란다까니와빠로 세존을 찾아갔습니다. 그는 세존
과 함께 정중하게 인사를 하고, 공손한 인사말을 나
눈 후에 한쪽에 앉았습니다. 한쪽에 앉은 편력 수행
자 싸비야가 세존께 게송으로 말을 걸었습니다.

Sn. 0510.
싸비야가 말하기를,
의심과 의혹이 있어서 왔습니다.
존자님께 질문을 드리고 싶습니다.
제가 드리는 질문에 차례대로 여법하게
답변하여 제 의심을 해결해주십시오.

Sn. 0511.
세존께서 말씀하시기를,
싸비야여, 질문을 하고 싶어서
그대는 나를 찾아 먼 길을 왔군요.
그대 질문에 차례대로 여법하게
답변하여 그대 의심을 해결해주겠소.

Sn. 0512.
싸비야여, 나에게 질문하시오.
무엇이든 마음대로 질문하시오.
그대가 묻는 대로 내가
그대의 의심을 해결해주겠소.

그러자 '아! 참으로 놀랍다. 아! 지금까지 이런 일이
없었다. 다른 사문이나 바라문들에게서는 허락을
받지 못했는데, 고따마 사문은 나에게 허락을 하셨
다.'라고 생각한 편력 수행자 싸비야는 즐겁고 환희
롭고 기쁨과 만족이 생겨 신이 나서 세존께 질문했
습니다.

Sn. 0513.
싸비야가 말하기를,
무엇을 얻으면 수행자라 말하나요?
어찌하면 온화한 이라 하고, 왜 길든 이라고 하나요?
왜 붓다라고 부르나요?
세존님! 제 질문에 답해주세요.

Sn. 0514.
세존께서 말씀하시기를,
싸비야여, 스스로 길을 가서 반열반을 성취하고
의심을 극복하여 존재[有]와 비존재[非有]를 버리고
수행을 완성하여 이후의 존재[後有]가 소멸한 이가 수
행자라오.

Sn. 0515.
모든 일에 평정심으로 주의집중하면서
일체의 세간에서 어떤 것도 해치지 않고
피안(彼岸)에 건너가 절제하고 물들지 않고
오만하지 않은 이가 온화한 이라오.

Sn. 0516.
일체의 세간에서 안과 밖으로
지각(知覺) 수행을 하면서
이 세상도 저세상도 염리(厭離)하고
(열반의) 때를 기다리며 수련하는 이가 길든 이라오.

Sn. 0517.
생멸(生滅)을 거듭하는 기만적(欺瞞的)인 윤회(輪廻)와
(윤회하는) 모든 시간[劫]을 알아보고
때 묻지 않고 번뇌 없이 청정하며
생(生)의 소멸을 성취한 이가 붓다라오.

그러자 즐겁고 환희롭고 기쁨과 만족이 생겨 신이
난 편력 수행자 싸비야는 세존께 계속하여 질문했습
니다.

Sn. 0518.

싸비야가 말하기를,
무엇을 얻으면 바라문이라 말하나요?
어찌하면 사문이라 하고, 왜 목욕한 사람이라고 하
나요?
왜 용상(龍象)♦이라고 부르나요?
세존님! 제 질문에 답해주세요.

Sn. 0519.

세존께서 말씀하시기를,
싸비야여, 일체의 사악한 일 멀리하고
티 없고 잘 집중하고 흔들리지 않고
윤회를 벗어나 독존(獨存)을 이루어
집착하지 않는 이를 바라문이라 한다오.

♦ 'nāga'의 번역. 'nāga'는 용(龍)을 의미하며, 큰 코끼리를 의미하기도 한다. 큰 코
끼리를 의미할 때 '용상(龍象)'으로 한역되었으며, '훌륭한 수행자'를 의미한다.

Sn. 0520.

공덕(功德)과 죄악(罪惡) 버린

고요하고 때가 없는

이 세상과 저세상을 알고 생사를 벗어난

바로 이런 사람을 사문이라 한다오.

Sn. 0521.

일체의 세간에서 안과 밖으로

모든 죄악을 씻어버리고

천신과 인간의 (윤회하는) 시간 속에서

시간으로 돌아가지 않는 이를 목욕한 사람이라 한다오.

Sn. 0522.

세간에서 어떤 죄도 짓지 않고

모든 속박과 결박을 풀고

어떤 것도 애착 않고 해탈한

바로 이런 사람을 용상이라 한다오.

그러자 즐겁고 환희롭고 기쁨과 만족이 생겨 신이 난 편력 수행자 싸비야는 세존께 계속하여 질문했습니다.

Sn. 0523.
싸비야가 말하기를,
깨달은 분들은 어떤 분을 터전의 승리자라 하나요?
어찌하면 훌륭한 분이라 하고, 왜 현명한 분이라고
하나요?
왜 성자(聖者)라는 명칭으로 부르나요?
세존님! 제 질문에 답해주세요.

Sn. 0524.
세존께서 말씀하시기를,
싸비야여, 천신과 인간과 범천(梵天)의
모든 터전을 알아보고
터전의 근본인 일체 결박 벗어난
바로 이런 분을 터전의 승리자라 한다오.

Sn. 0525.
천신과 인간과 범천의
모든 창고를 알아보고
창고의 근본인 일체 결박 벗어난
바로 이런 분을 훌륭한 분이라 한다오.

Sn. 0526.
안과 밖으로 청정한 것 알아보는
청정한 지혜를 가지고
선과 악을 초월한 분
바로 이런 분을 현명한 분이라 한다오.

Sn. 0527.
일체의 세간에서 안과 밖으로
바른 법과 그른 법을 알아서
천신과 인간의 공양 받아 마땅한 분
바로 이런 분을 성자라고 한다오.

그러자 즐겁고 환희롭고 기쁨과 만족이 생겨 신이
난 편력 수행자 싸비야는 세존께 계속하여 질문했습
니다.

Sn. 0528.

싸비야가 말하기를,

어떤 사람을 지식인(知識人)이라고 하나요?

어찌하면 잘 아는 사람이라 하고,

왜 정진하는 사람이라고 하나요?

귀족(貴族)이란 명칭은 무엇인가요?

세존님! 제 질문에 답해주세요.

Sn. 0529.

세존께서 말씀하시기를,

싸비야여, 사문과 바라문에게 있는

모든 지식(知識)을 알아보고

일체의 느낌에 대하여 탐욕이 없는

일체의 지식을 벗어난 사람을 지식인이라고 한다오.

Sn. 0530.

희론(戱論)과 이름과 형색[名色]이

안팎으로 질병의 근본임을 알고

질병의 근본인 일체 결박 벗어난

바로 이런 사람을 잘 아는 사람이라 한다오.

Sn. 0531.
일체의 죄악을 자제하며
지옥의 괴로움을 벗어난
열심히 정진하는 사람
바로 이런 사람을 정진하는 사람이라 한다오.

Sn. 0532.
안팎으로 집착의 근본인
결박이 끊어진 사람
집착의 근본인 일체 결박 벗어난
바로 이런 사람을 귀족(貴族)이라고 한다오.

그러자 즐겁고 환희롭고 기쁨과 만족이 생겨 신이
난 편력 수행자 싸비야는 세존께 계속하여 질문했습
니다.

Sn. 0533.

싸비야가 말하기를
어떤 사람을 정통한 사람이라고 하나요?
어찌하면 거룩한 사람이라 하고,
왜 덕행(德行)을 갖춘 사람이라고 하나요?
편력 수행자란 명칭은 무엇인가요?
세존님! 제 질문에 답해주세요.

Sn. 0534.

세존께서 말씀하시기를, 싸비야여,
일체의 법(法)을 듣고 체험지(體驗智)로
세간에서 비난받는 일과 비난받지 않는 일을
무엇이든 통달하고 의심 없이 해탈하여
모든 점에 혼란이 없으면 정통한 사람이라 한다오.

Sn. 0535.

번뇌[漏]와 집착을 끊고

모태(母胎)를 알아서 다가가지 않는

세 가지 생각◆과 더러움을 버리고

시간으로 돌아가지 않는 사람을 거룩한 사람이라 한다오.

Sn. 0536.

최상의 덕행(德行)을 성취하여

언제나 선법(善法)을 알고

어디서나 집착하지 않고 해탈하여

장애 없는 사람이 덕행(德行)을 갖춘 사람이라오.

Sn. 0537.

상하(上下) 사방(四方) 중앙(中央)에

괴로운 과보(果報) 있는 업을 멀리하고

기만(欺瞞)과 아만(我慢)과 탐욕과 분노

이름과 형색[名色]을 끝내버린 사람

그를 덕행 갖춘 편력 수행자라 한다오.

◆   'saññaṃ tividhaṃ'의 번역. '세 가지 관념'이란 1) rūpasaññā(色想) : 형색(形色)에 대한
관념, 2) paṭighasaññā(有對想) : 지각의 대상에 대한 관념, 3) nānatta saññā(異想) : 서로
다르게 보는 관념을 의미한다.

그러자 즐겁고 환희롭고 기쁨과 만족이 생겨 신이
난 편력 수행자 싸비야는 자리에서 일어나 가사(袈裟)
를 한쪽 어깨에 걸치고 세존께 합장한 후에 세존 앞
에서 적절한 게송으로 찬탄했습니다.

Sn. 0538.
개념(概念)을 만들어♦ 개념에 의지하는
63가지 사문들의 헛된 논쟁
지혜 크신 당신은 그것을 벗어나서
거센 흐름을 건너셨군요.♦♦

Sn. 0539.
괴로움을 끝내도록 저를 제도(濟度)하셨으니
당신은 피안에 가 괴로움을 끝내고
번뇌를 소멸하신 밝고 현명한
지혜 크신 등정각(等正覺)이 분명하군요.

♦ 'saññakkhara'의 번역. 'sañña'와 결합된 'kkhara'의 의미가 분명하지 않아서
   문맥상 'kara'의 의미로 번역함.
♦♦ 'oghatam agā'의 번역. 여기에서 거센 흐름이란 세상 사람들이 개념으로 만든
   이론에 의지하여 논쟁하는 세류(世流)를 의미함.

Sn. 0540.

성자의 길에서 덕행 갖춘 성자여!

마음이 비옥(肥沃)하고 온화한 태양족이여!

제가 가진 의문(疑問) 알고 의혹(疑惑)에서 저를 건진

당신께 저는 귀의합니다.

Sn. 0541.

이전에 저에게 있었던 의문

눈뜬 분이 제게 답을 주셨습니다.

바르게 깨달은 참된 성자여!

당신에게는 막힘이 전혀 없군요.

Sn. 0542.

당신에게는 모든 집착이

쓸모없이 부서졌군요.

자제(自制)를 얻어 맑고 시원하며

확고하고 진실하군요.

Sn. 0543.

용상 중의 용상이며

대웅(大雄)이신 당신이 말씀하시면

나라다(Nārada)와 빱바따(Pabbatā) 두 신(神)은 물론

모든 천신(天神)들이 기뻐하는군요.

Sn. 0544.

인간 가운데 가장 고귀한 당신께 귀의합니다.

인간 가운데 가장 높으신 당신께 귀의합니다.

천신들을 포함한 세간 가운데

당신과 같은 분은 없으십니다.

Sn. 0545.

당신은 붓다입니다. 당신은 스승입니다.

당신은 마라를 정복한 성자입니다.

당신은 결사(結使)를 끊고 건너가♦

이 세상 사람들을 구제하십니다.

♦ 'tuvam anusaye chetvā tiṇṇo'의 번역. '결사(結使)'로 번역한 'anusaya'는 '습관
화된 잠재적 성향'을 의미하며, 한역(漢譯)에 '수면(隨眠), 결사(結使)'로 번역되었
다. 습관화된 성향이 우리를 묶어서 끌고 다닌다는 의미에서 '결사'라고 하고,
잠재된 성향이 무의식적으로 표출된다는 의미에서 '수면'이라고 한다.

Sn. 0546.

당신은 집착을 뛰어넘었습니다.

당신은 번뇌를 부쉈습니다.

당신은 두려움과 공포를 버린

취착(取著)이 없는 사자입니다.

Sn. 0547.

물에 젖지 않는 예쁜 연꽃처럼

복덕(福德)과 악덕(惡德)에 물들지 않는 당신

영웅이여, 두 발을 내미십시오!

싸비야가 스승님께 예배합니다.

싸비야는 세존의 두 발에 머리를 조아리고 세존께
말씀드렸습니다.

"놀랍습니다! 고따마 존자님! 놀랍습니다! 고따마
존자님! 고따마 존자님! 마치 뒤집힌 것을 바로 세우
는 것 같고, 감추어진 것을 드러내는 것 같고, 길 잃
은 자에게 길을 알려주는 것 같고, '눈 있는 자들은
보라.'고 어둠 속에 등불을 비춰주는 것 같습니다. 이
와 같이 고따마 존자께서는 여러 가지 방법으로 진

리를 알려주셨습니다. 고따마 존자님! 그래서 저는 고따마 존자님께 귀의합니다. 가르침과 비구 승가에 귀의합니다. 고따마 존자님! 저는 고따마 존자님 앞으로 출가하여 구족계를 받고자 합니다."

"싸비야여, 이전에 외도(外道)였던 사람으로서 이 가르침과 율에 출가하여 구족계를 받고자 하는 사람은 넉 달 동안 별주(別住)하고♦, 넉 달이 지나서 확신을 가진 비구들이 그를 비구가 되도록 출가시켜 구족계를 준다오. 그렇지만 나는 사람마다 차이가 있다고 알고 있다오."

"세존이시여, 만약에 이전에 외도(外道)였던 사람으로서 이 가르침과 율에 출가하여 구족계를 받고자 하는 사람은 넉 달 동안 별주하고, 넉 달이 지나서 확신을 가진 비구들이 그를 비구가 되도록 출가시켜 구족계를 준다면, 저는 네 해 동안이라도 별주하겠나이다. 네 해가 지나서라도 좋으니, 확신을 가진 비구들께서 비구가 되도록 출가시켜 구족계를 주십시오."

♦ 'parivasati'의 번역. 별주(別住)란 비구 승가와 함께 생활하지 않고 따로 생활하는 것이다. 구족계를 받기 전에 따로 생활하면서 승가의 승인을 기다리는 것을 의미한다.

편력 수행자 싸비야는 세존 앞으로 출가하여, 구족계를 받았습니다. 새로 구족계를 받은 마간디야 존자는 홀로 외딴곳에서 열심히 노력하고 정진하며 지냈습니다. 그리고 오래지 않아 선남자(善男子)들이 출가하는 목적인 위없는 청정한 수행[梵行]의 완성을 지금 여기에서 스스로 체험하고 성취하여 살았습니다. 그는 '태어남은 끝났고, 청정한 수행을 마쳤으며, 해야 할 일을 끝마쳤다. 다시는 이런 상태로 되지 않는다.'라는 것을 체득했습니다. 그리하여 싸비야 존자는 아라한 가운데 한 분이 되었습니다.

7

쎌라-숫따
Sela-sutta

●

쎌라
바라문

해제

위대한 인물은 32상이라는 훌륭한 관상을 지니고 태어나
며, 그는 위대한 제왕인 전륜성왕(轉輪聖王)이 되거나, 출가
하여 수행하면 진리를 깨달아 붓다가 된다는 전설이 있
다. 이 경은 이러한 전설에 기초하여 붓다의 위대함을 보
여준다. 여기에서는 붓다가 전차(戰車)를 모는 전륜성왕이
아니라 진리의 수레바퀴를 돌리는 법왕(法王)이라는 것을
강조한다.

⊙

이와 같이 나는 들었습니다.

한때 세존께서는 1,250명의 큰 비구 승가와 함께 앙굿따라빠(Aṅguttarāpa)에서 유행(流行)하시다가 앙굿따라빠의 아빠나(Āpaṇa)라는 마을에 도착하셨습니다.

그때 결발 수행자 께니야(Keṇiya)는 '싸꺄족의 후예로서 싸꺄족에서 출가한 사문 고따마가 1,250명의 큰 비구 승가와 함께 앙굿따라빠에서 유행(流行)하시다가 아빠나에 도착했다. 그런데 고따마 존자는 아라한[應供], 원만하고 바르게 깨달으신 분[正遍知], 앎과 실천을 구족하신 분[明行足], 잘 가신 분[善逝], 세간을 잘 아시는 분[世間解], 위없는 분[無上士], 사람을 길들여 바른 길로 이끄시는 분[調御丈夫], 천신과 인간의 스승[天人師], 붓다[佛], 세존(世尊)으로 불리는 명성이 자자하신 분이다. 그분은 천계(天界), 마라, 범천을 포함한 이 세간을, 사문과 바라문, 왕과 백성을 포함한 인간계를 수승한 지혜로 몸소 체득하여 알려준다. 그분은 처음도 좋고, 중간도 좋고, 마지막도 좋은, 의미있고, 명쾌하고, 완벽한 진리[法]를 가르치며, 청정한 범행(梵行)을 알려준다. 그러므로 마땅히 그런 성자(聖

者)를 만나보아야 한다'는 말을 들었습니다.

그래서 결발 수행자 께니야는 세존을 찾아갔습니다. 그는 세존과 함께 정중하게 인사를 하고, 공손한 인사말을 나눈 후에 한쪽에 앉았습니다. 한쪽에 앉은 결발 수행자 께니야를 세존께서는 여법한 말씀으로 가르치고, 격려하고, 장려하고, 기쁘게 하셨습니다. 세존으로부터 가르침을 받고 기뻐하면서, 결발 수행자 께니야는 세존께 이렇게 말씀드렸습니다.

"고따마 존자님께서는 비구 승가와 함께 내일 저의 공양을 받아주시옵소서."

이렇게 말씀드리자, 세존께서 결발 수행자 께니야에게 말씀하셨습니다.

"비구 승가는 크다오. 께니야여, 1,250명이나 된다오. 그리고 그대는 바라문들을 믿고 따르지 않나요?"

결발 수행자 께니야는 세존께 두 번째로 말씀드렸습니다.

"고따마 존자님, 비구 승가는 커서 1,250명이 되든, 제가 바라문들을 믿고 따르든, 아무튼 존자님께서는 비구 승가와 함께 내일 저의 공양을 받아주시옵소서."

세존께서 두 번째로 결발 수행자 께니야에게 말씀하

셨습니다.

"비구 승가는 크다오. 께니야여, 1,250명이나 된다오. 그리고 그대는 바라문들을 믿고 따르지 않나요?"

결발 수행자 께니야는 세존께 세 번째로 말씀드렸습니다.

"고따마 존자님, 비구 승가는 커서 1,250명이 되든, 제가 바라문들을 믿고 따르든, 아무튼 존자님께서는 비구 승가와 함께 내일 저의 공양을 받아주시옵소서."

세존께서는 침묵으로 승낙하셨습니다.

결발 수행자 께니야는 자리에서 일어나 자신의 아쉬람♦으로 가서 친구와 동료, 친지와 친척들에게 알렸습니다.

"친구, 동료, 친지, 친척 여러분 제 말을 들어보십시오. 제가 고따마 사문을 비구 승가와 함께 내일 식사에 초대했습니다. 그러니 제가 하는 일을 도와주십시오."

께니야의 친구, 동료, 친지, 친척들은 "존자여, 그렇게 하지요."라고 께니야에게 승낙한 후에, 어떤 사람

♦ 'assamo'의 번역. 'assama'는 'āśram'의 빨리어 표기. 아쉬람(āśram)은 은퇴한 바라문이 수행하기 위해 숲속에 지은 초막(草幕)이다.

들은 화덕을 파고, 어떤 사람들은 장작을 패고, 어떤 사람들은 그릇을 씻고, 어떤 사람들은 물통을 채우고, 어떤 사람들은 자리를 마련하고, 께니야는 몸소 천막을 쳤습니다.

그때 아빠나에 쎌라(Sela) 바라문이 살고 있었습니다. 그는 세 가지 베다에◆ 통달했으며, 어휘론(語彙論)과 의궤론(儀軌論), 음운론과 어원론, 그리고 다섯 번째로 역사(歷史)◆◆에 정통하여 잘 해설하고, 세속의 철학◆◆◆과 대인상(大人相)에 대한 지식◆◆◆◆에 부족함이 없는 이로서 300명의 바라문청년들에게 만트라를◆◆◆◆◆ 가르치고 있었습니다. 그때 결발 수행자 께니야는 쎌라 바라문을 믿고 따랐습니다.

쎌라 바라문은 300명의 바라문청년들에 둘러싸여 이리저리 산책을 하다가 께니야의 아쉬람을 찾아갔습니다. 쎌라 바라문은 께니야의 아쉬람에서 결발

◆　　'tiṇṇaṃ vedānaṃ'의 번역.

◆◆　'itihāsa'의 번역. 'itihāsa'는 '이와 같이(iti) 틀림없이(ha) 그런 일이 있었다 (āsa).'는 말로서, 구전(口傳)된 전설이나 역사를 의미한다.

◆◆◆　'lokāyata'의 번역. 'lokāyata'는 해탈이나 열반과는 무관한 세속에 순응 하는 철학을 의미한다.

◆◆◆◆　'mahāpurisa-lakkhaṇa'의 번역. 훌륭한 사람을 알아보는 관상을 의미한다.

◆◆◆◆◆　'mante'의 번역. 만트라는 베다를 의미한다.

수행자들이 어떤 사람들은 화덕을 파고, 어떤 사람들은 장작을 패고, 어떤 사람들은 그릇을 씻고, 어떤 사람들은 물통을 채우고, 어떤 사람들은 자리를 마련하고, 께니야는 몸소 천막을 치고 있는 것을 보았습니다.

이것을 보고 쎌라 바라문이 결발 수행자 께니야에게 말했습니다.

"께니야 존자의 아들을 장가보내거나, 딸을 시집보내거나, 큰 제사를 지내거나, 마가다의 왕 쎄니야 빔비싸라를 군대와 함께 초대한 것이 아닌가요?"

"아닙니다. 쎌라여, 그런 것이 아니라, 싸꺄족의 후예로서 싸꺄족에서 출가한 사문 고따마께서 1,250명의 큰 비구 승가와 함께 앙굿따라빠에서 유행하다가 아빠나에 도착하셨습니다. 그런데 고따마 존자는 아라한, 원만하고 바르게 깨달으신 분, 앎과 실천을 구족하신 분, 잘 가신 분, 세간을 잘 아시는 분, 위없는 분, 사람을 길들여 바른 길로 이끄시는 분, 천신과 인간의 스승, 붓다, 세존으로 불리는 명성이 자자하신 분입니다. 나는 내일 그분을 비구 승가와 함께 초대했습니다."

"께니야 존자여, 당신은 '붓다'라고 말했습니까?"

"쎌라 존자여, 나는 '붓다'라고 말했습니다."

"께니야 존자여, 당신이 '붓다'라고 말했다고요?"

"쎌라 존자여, 그렇습니다. 나는 '붓다'라고 말했습니다."

그러자 쎌라 존자는 '세간에서 붓다라는 평판을 얻기는 매우 어렵다. 우리의 만트라에는 32가지 대인상이◆ 전해지고 있다. 그것을 구족한 큰 인물[大人]에게는 두 가지 운명(運命)만 있을 뿐, 다른 것은 없다. 만약에 집에서 생활하면 여법(如法)한 법왕(法王)으로서 칠보(七寶)를 구족하고, 사방을 정복하여 나라를 안정시키는 전륜성왕이 된다. 그에게는 금륜보(金輪寶), 백상보(白象寶), 감마보(紺馬寶), 신주보(神珠寶), 옥녀보(玉女寶), 거사보(居士寶), 주병보(主兵寶) 등의 칠보가 있다. 그리고 그에게는 영웅적으로 적군을 정복하는 천 명이 넘는 용감한 아들이 있다. 그는 바다에 이르는 대지(大地)를 몽둥이나 칼을 사용하지 않고, 법(法)◆◆으

◆ 'dvattiṃsa mahāpurisalakkhaṇāni'의 번역. 위대한 인물이 지니는 32가지 상호(相好). 일반적으로 '32상(相)'으로 알려져 있다.

◆◆ 'dhammsa'의 번역.

로 정복하여 다스린다. 그리고 만약에 집을 버리고
출가하면 세간에서 장막을 걷은♦ 아라한, 등정각(等正
覺)이 된다.'라고 생각하고 말했습니다.

"께니야 존자여, 그렇다면 지금 그 아라한이며 등정
각이신 고따마 존자님은 어디에 머물고 계신가요?"

이렇게 말하자 결발 수행자 께니야는 오른팔을 들고
쎌라 바라문에게 말했습니다.

"쎌라 존자여, 저기 짙푸른 숲에 계십니다."

쎌라 바라문은 300명의 바라문청년들과 함께 세존
을 찾아갔습니다. 그때 쎌라 바라문은 바라문청년들
에게 분부했습니다.

"그대들은 조용히 와서 한 발짝씩 나아가도록 하라!
실로 사자처럼 혼자서 가시는 세존들은 가까이 가기
어렵다. 그리고 내가 고따마 사문과 함께 논의할 때
그대들은 중간에 방해하지 말고 대화가 끝날 때까지
기다려라!"

그리고 나서 쎌라 바라문은 세존을 찾아가서 세존과
함께 정중하게 인사를 하고, 공손한 인사말을 나눈

♦ 'vivattaccheddo'의 번역. 진실을 드러낸다는 의미.

후에 한쪽에 앉았습니다. 한쪽에 앉은 쎌라 바라문은 세존의 몸에서 32가지 대인상을 찾아보았습니다. 쎌라 바라문은 세존의 몸에서 32가지 대인상 대부분을 보았지만 음마장(陰馬藏)♦과 광장설(廣長舌)♦♦ 두 가지를 보지 못했기 때문에 그 두 가지 대인상에 대하여 의심하고 주저하고 확신하지 못하고 믿지 못했습니다.

그러자 세존께서는 '쎌라 바라문이 나의 몸에서 32가지 대인상 대부분을 보았지만, 음마장과 광장설을 보지 못했기 때문에 그 두 가지 대인상에 대하여 의심하고 주저하고 확신하지 못하고 믿지 못한다.'라고 생각하셨습니다. 세존께서는 쎌라 바라문이 세존의 음마장을 보도록 신통(神通)을 부렸습니다. 그리고 세존께서는 혀를 내밀어 두 귀 구멍을 핥고, 두 코 구멍을 핥고, 앞이마 전체를 혀로 덮었습니다.

그러자 쎌라 바라문은 이렇게 생각했습니다.

'고따마 사문은 32가지 대인상을 부족함이 없이 완전하게 갖추었다. 그렇지만 나는 그가 붓다인지 아

♦　생식기(生殖器)가 말처럼 몸속에 숨어 있는 상호(相好).

♦♦　혀가 넓고 긴 상호.

닌지 알지 못하겠다. 그런데 나는 연로한 장로(長老)
바라문과 스승과 스승의 스승 바라문들에게 아라한
등정각들은 자신이 찬탄을 받을 때 자신을 드러낸다
고 들었다. 나는 고따마 사문 앞에서 적절한 게송으
로 찬탄해봐야겠다.'
그래서 쎌라 바라문은 세존 앞에서 적절한 게송으로
찬탄했습니다.

Sn. 0548.
잘 태어난 완전한 몸은
광채가 나고 보기에도 좋군요.
세존께서는 황금빛 피부에
치아는 희고 정력은 넘치는군요.

Sn. 0549.
잘 태어난 사람에게
있게 되는 특징들인
위대한 인물의 관상(觀相)이
당신의 몸에는 모두 있군요.

Sn. 0550.

눈은 맑고 얼굴은 매력 있고
몸은 곧고 위엄이 있군요.
사문(沙門)의 승가(僧伽) 가운데서
당신은 태양처럼 빛나는군요.

Sn. 0551.

피부가 황금 같은
잘생긴 비구여!
이렇게 최상의 용모 지닌 당신에게
사문의 삶이 무엇인가요?♦

Sn. 0552.

당신은 사방을 정복하고
잠부싼다(Jambusaṇḍa)♦♦를 통치하는
전차를 모는
전륜성왕이 되어야 합니다.

♦　'kin te samaṇabhāvena'의 번역.
♦♦　사대주(四大洲) 가운데 남쪽의 섬. 인도를 의미하며 염부제(閻浮提)로 한역됨.

Sn. 0553.

크샤트리아들과 지방의 왕들은
당신에게 충성할 것입니다.
고따마여! 왕 중의 왕
인간의 하늘♦ 되어 지배하세요.

Sn. 0554.

세존께서 말씀하시기를,
쎌라여! 나는 왕이라오.
위없이 높은 법왕이라오.
나는 법으로 수레바퀴를 굴린다오.
되돌아가지 않는 수레바퀴를.

♦ 'manujindo'의 번역. 원뜻은 '인간의 인드라천'인데, 인드라천은 인간을 주재
하는 천신이므로 '인간의 하늘'로 번역함.

Sn. 0555.

쎌라 바라문이 말하기를,

당신은 진정한 붓다임을 공언하시는군요.

'나는 위없이 높은 법왕이다.

나는 법으로 수레바퀴를 굴린다.'

고따마여! 당신은 이렇게 말씀하시는군요.

Sn. 0556.

제자 가운데 스승과 일치하는

존자의 장수(將帥)는 누구인가요?

누가 되돌아가지 않도록

이 수레바퀴를 계속해서 굴리나요?

Sn. 0557.

세존께서 말씀하시기를, 쎌라여!

나의 되돌아가지 않는 수레바퀴를

위없이 높은 법의 수레바퀴[法輪]를

여래의 뒤를 이어 싸리뿟다가

계속해서 굴릴 것이오.

Sn. 0558.

체득해야 할 것을 체득했고
수련해야 할 것을 수련했고
버려야 할 것을 버렸다오.
바라문이여, 그래서 나는 붓다라오.

Sn. 0559.

나에 대한 의심을 버리시오!
바라문이여! 믿음을 가지시오.
진정한 붓다를 보는 기회는
언제나 얻기 어렵다오.

Sn. 0560.

그런 분이 세간에 출현하기는
언제나 어려운 일이라오.
바라문이여! 나는 독화살 뽑아주는
바로 그 위없는 진정한 붓다라오.

Sn. 0561.
마라의 군대를 깨부순 나는
비할 바 없는 신성한 존재
모든 적들을 물리치고서
두려움 없이 어디서나 즐긴다오.

Sn. 0562.
그대들은 눈뜨신 분이
하시는 말씀에 귀 기울여라!
독화살 뽑아주는 큰 영웅께서
사자처럼 숲에서 포효(咆哮)하신다.

Sn. 0563.
마라의 군대를 깨부순
비할 바 없는 신성한 존재
뉘라서 보고 믿지 않을까?
비천한 사람도 보면 믿으리.

Sn. 0564.
원하는 사람은 나를 따르라!
원하지 않으면 떠나가거라!
지혜가 수승하신 분 밑으로
나는 이제 출가하리라.

Sn. 0565.
만약에 등정각의 가르침을
존자님께서 좋아한다면
지혜가 수승하신 분 밑으로
저희들도 출가를 하겠나이다.

Sn. 0566.
300명의 바라문들은
합장하고 간청합니다.
세존님! 저희들은 당신 밑에서
청정한 수행을 하겠나이다.

Sn. 0567.
세존께서 말씀하시기를,
쎌라여! 청정한 수행은 잘 설해졌다오.
총명한 출가자가 부지런히 배워 익히면
(그 결실을) 곧바로 여기에서 볼 수 있다오.

그래서 쎌라 바라문은 대중들과 함께 세존 밑으로
출가하여 구족계를 받았습니다.
한편 결발 수행자 께니야는 그날 밤새 자신의 아쉬
람에서 단단하고 부드러운 갖가지 훌륭한 음식을 마
련한 후에 세존께 알렸습니다.
"세존이시여, 공양이 준비되었습니다."
세존께서는 오전에 옷을 입고, 발우와 법의(法衣)를
들고, 비구 승가와 함께 결발 수행자 께니야의 아쉬
람으로 가서 마련된 자리에 앉으셨습니다. 결발 수
행자 께니야는 부처님을 위시한 비구 승가를 단단
하고 부드러운 갖가지 훌륭한 음식으로 손수 시중을
들며 만족시켰습니다. 결발 수행자 께니야는 세존께
서 공양을 마치고 발우에서 손을 떼시자 아래에 있
는 다른 자리로 가서 한쪽에 앉았습니다.

세존께는 한쪽에 앉은 결발 수행자 께니야를 이러한
게송으로 기쁘게 했습니다.

Sn. 0568.
제사의 으뜸은 불제사라네.
찬가(讚歌)의 으뜸은 싸윗띠(Sāvittī)라네.
인간의 으뜸은 제왕(帝王)이라네.
강의 으뜸은 대양(大洋)이라네.

Sn. 0569.
별들의 으뜸은 달이라네.
밝은 것의 으뜸은 태양이라네.
공덕을 바라면서 공양할 곳은
참으로 승가가 으뜸이라네.

세존께서는 결발 수행자 께니야를 이러한 게송으로
기쁘게 하신 후에 자리에서 일어나 떠나셨습니다.
한편 쎌라 존자는 대중들과 함께 외딴곳에서 열심히
노력하고 정진하며 지냈습니다. 그리고 오래지 않
아 선남자(善男子)들이 출가하는 목적인 위없는 청정

한 수행[梵行]의 완성을 지금 여기에서 스스로 체험하고 성취하여 살았습니다. 그는 '태어남은 끝났고, 청정한 수행을 마쳤으며, 해야 할 일을 끝마쳤다. 다시는 이런 상태로 되지 않는다.'라는 것을 체득했습니다. 그리하여 쎌라 존자는 아라한 가운데 한 분이 되었습니다.

쎌라 존자는 대중들과 함께 세존을 찾아가서 가사(袈裟)를 한쪽 어깨에 걸치고 세존께 합장한 후에 게송으로 말씀드렸습니다.

Sn. 0570.

눈뜬 분이시여! 우리가
당신께 귀의한 지 8일째입니다.
세존님! 우리는 7일 동안에
당신의 가르침에 길들었습니다.

Sn. 0571.

당신은 붓다입니다. 당신은 스승입니다.

당신은 마라(Māra)를 정복한 성자입니다.

당신은 결사(結使)를 끊고 건너가

이 세상 사람들을 구제하십니다.

Sn. 0572.

당신은 집착을 뛰어넘었습니다.

당신은 번뇌를 부쉈습니다.

당신은 두려움과 공포를 버린

취착(取著)이 없는 사자입니다.

Sn. 0573.

300명의 비구가

합장하고 섰습니다.

용상(龍象)들이 스승님께 예배하도록

영웅이여, 두 발을 내미십시오!

8

쌀라-숫따
Salla-sutta

●

독화살

해제

이 경의 이름 '쌀라(Salla)'는 화살을 의미하는데, 여기에서는 '독화살'로 번역했다. 불경에서 '화살'은 괴로움을 의미하는 여러 가지의 은유(隱喩)로 사용되는데 이 경에서는 죽음으로 인해서 생기는 슬픔과 근심을 의미한다. 우리는 사랑하는 사람의 죽음에 대하여 슬픔을 느끼고, 자신의 죽음에 대하여 근심하고 두려워하는데, 이 경에서 화살은 이러한 슬픔과 근심을 의미한다.

불교는 죽음을 극복하는 종교이다. 그런데 이 경에서는 "태어나서 죽지 않을 방법은 없다. 늙으면 반드시 죽는 것이 살아 있는 것들의 정해진 법(法)이다."라고 이야기한다. 그렇다면 불교에서 극복하려는 죽음은 구체적으로 어떤 것인가? 이 경에서는 다음과 같이 말한다.

"자신의 행복을 구하는 사람은
자신의 슬픔과 갈망과 근심을
자신에게 박힌 독화살을
뽑아내서 버려야 한다."(제592게)

죽음은 그 누구도 피할 수 없는 엄연한 현실이다. 붓다는 우리에게 그 현실을 극복할 수 있다고 가르치지 않는다. 붓다는 그 현실을 받아들이고, 죽음으로 인해서 생긴 독화살, 즉 슬픔과 근심을 버리도록 가르친다. 죽음이라는 첫 번째 화살은 피할 수 없지만, 근심과 슬픔이라는 두 번째 화살은 피할 수 있다는 것이 이 경의 가르침이다.

Sn. 0574.

언젠가 죽어야 할 인간의 삶은
언제 죽을지 알 수가 없다.♦
비참하고 보잘것없으며
괴로움에 결박되어 있다.

Sn. 0575.

태어나서 죽지 않을 방법은 없다.
늙으면 반드시 죽는 것이
살아 있는 것들의
정해진 법(法)이다.

Sn. 0576.

익어서 떨어지는 과일에는
떨어지는 두려움이 있듯이
태어나서 죽어가는 인간에게는
언제나 죽음의 공포가 있다.

♦ 'animittam anaññataṃ'의 번역. 언제 죽는다는 표시가 없기 때문에(animittam) 죽는 날을 알 수 없다(anaññataṃ)는 의미이다.

Sn. 0577.

도공이 만든 질그릇이
결국에는 모두 깨어지듯이
죽어가는 인간의 삶도
모두가 이와 마찬가지다.

Sn. 0578.

젊은 사람도 늙은 사람도
어리석은 자도 현명한 자도
모두가 죽음의 지배를 받는다.
모두가 결국은 죽음에 이른다.♦

Sn. 0579.

죽음에 패배한 사람들이
저세상으로 갈 때
아버지도 아들을 구하지 못하고
친척도 다른 친척 구하지 못한다.

♦   'sabbe maccuparāyanā'의 번역. 원뜻은 '모두가 죽음이 최종 목적지다.'이다.

Sn. 0580.

보라! 친척들이
통곡하면서 보는 가운데
도살장에 끌려가는 소처럼
제각기 혼자서 죽음에 끌려간다.

Sn. 0581.

이와 같이 세간은
죽음과 늙음의 공격을 받고 있다.
그러므로 세간의 속성을 아는
현자(賢者)들은 슬퍼하지 않는다.

Sn. 0582.

어디서 와서 어디로 가는지
그대는 그 길을 알지 못한다.
(생사의) 양쪽 끝을 보지 못하고
그대는 부질없이 울고 있구나.

Sn. 0583.

얼이 빠져서 울부짖으며
자신을 해친다고
무슨 소용 있으리오.
어찌 할 수 없이 지켜만 볼 뿐.

Sn. 0584.

운다고 슬퍼한다고
마음의 평안 얻지 못한다.
괴로움은 더 생기고
몸만 상할 뿐이다.

Sn. 0585.

스스로 자신을 해치면
(몸은) 마르고 (얼굴은) 창백해진다.
그런다고 망자(亡者)가 살아오지 않나니◆
울어봐야 아무런 소용이 없다.

◆ 'na tena petā pālenti'의 번역. 원뜻은 '죽은 영혼이 보호받지 못한다.'이다.

Sn. 0586.
슬픔을 내려놓지 못한 사람은
더욱 큰 괴로움에 빠져든다.
죽은 자를 붙들고 통곡하면
슬픔에 정복당하게 된다.

Sn. 0587.
업(業)에 따라 가는 운명에 처한
다른 사람들을 보라!
이 세상 살아 있는 모든 것들이
죽음에 정복되어 떨고 있구나.

Sn. 0588.
그 어느 누가 생각해봐도
아무리 달리 생각해봐도
이별은 이렇게 피할 수 없나니
보라! 이것이 세상의 이치다.

Sn. 0589.

사람이 100년을 산다고 해도
그보다 더 오래 산다고 해도
결국은 친척들과 이별을 하고
세상에서 수명(壽命)을 버리게 된다.

Sn. 0590.

그러므로 아라한의 말씀을 듣고
망자의 죽음을 보게 되면
'내 힘으로 어찌 할 수 없다.'
이렇게 생각하고 슬피 울지 말라!

Sn. 0591.

집에 불이 나면 물로 불을 끄듯이
신념 있고 현명하고 지혜 갖춘 현자는
바람이 솜털을 날려버리듯
일어난 슬픔을 재빨리 털어낸다.

Sn. 0592.
자신의 행복을 구하는 사람은
자신의 슬픔과 갈망과 근심을
자신에게 박힌 독화살을
뽑아내서 버려야 한다.

Sn. 0593.
독화살을 뽑고 집착하지 않고
마음의 평온을 얻어야 한다.
일체의 슬픔을 뛰어넘으면
슬픔 없는 열반에 이르게 된다.

9

와쎗타-숫따
Vāseṭṭha-sutta

●

바라문 청년 와쎗타

해제

이전의 「4. 쑨다리까 바라드와자 숫따(Sundarika-bhāradvāja-sutta)」에서 살펴보았듯이, 붓다는 태생에 의해 신분이 결정되는 당시의 계급제도를 강하게 비판한다. 그리고 붓다가 제시한 것이 업설(業說)이다. 일반적으로 불교의 업설을 윤회설과 관련된 것으로 생각하는데, 사실은 인간의 사회적 지위를 결정하는 것은 그 사람의 태생이 아니라 삶이 되어야 한다는 것을 강조한 것이 불교의 업설이다. 이 경은 이러한 불교의 업설의 의미를 잘 보여준다. 모든 생물은 태어날 때 각기 다른 모습으로 태어나서 태어난 대로 살아가지만, 평등하게 태어나 자신이 하는 일에 의해서 차별된 직업과 지위를 갖는다는 것이다.

⊙

이와 같이 나는 들었습니다.

한때 세존께서는 잇차낭깔라(Icchānaṃkala)의 잇차낭깔라 숲(Icchānaṃkalavanasaṇḍa)에 머무셨습니다.

그때 잇차낭깔라에는 짱끼(Caṅkī) 바라문, 따룩카(Tārukkha) 바라문, 뽁카라싸띠(Pokkharasāti) 바라문, 자눗쏘니(Jaṇussoṇi) 바라문, 또데야(Todeyya) 바라문 같은 저명한 바라문(婆羅門) 장자(長者)들과 그 밖에도 많은 유명한 바라문 장자들이 살고 있었습니다.

그때 바라문청년 와쎘타(Vāseṭṭha)와 바라드와자(Bhāradvāja)는 앞서거니 뒤서거니 한가로이 거닐며 산책하는 도중에 '어떻게 바라문이 되는가?'라는 이야기가 나왔습니다.

바라문청년 바라드와자는 이렇게 말했습니다.

"부모가 모두 훌륭한 가문의 출생으로서, 족보에 7대 조부까지 뒤섞이지 않고 비난받지 않은 순수한 혈통에 의해서 바라문이 된다."

바라문청년 와쎘타는 이렇게 말했습니다.

"계율을 잘 지키고 덕(德)을 갖춤으로써 바라문이 된다."

바라드와자는 와셋타를 설득할 수 없었고, 와셋타는 바라드와자를 설득할 수 없었습니다. 그래서 와셋타가 바라드와자에게 말했습니다.

"바라드와자여, 싸꺄족의 후예로서 싸꺄족에서 출가한 사문 고따마께서 잇차낭깔라의 잇차낭깔라 숲에 머물고 계신다네. 고따마 존자님은 아라한[應供], 원만하고 바르게 깨달으신 분[正遍知], 앎과 실천을 구족하신 분[明行足], 잘 가신 분[善逝], 세간을 잘 아시는 분[世間解], 위없는 분[無上士], 사람을 길들여 바른 길로 이끄시는 분[調御丈夫], 천신과 인간의 스승[天人師], 붓다[佛], 세존(世尊)으로 불리는 명성이 자자하신 분이라네. 여보게, 바라드와자여, 우리 고따마 사문을 찾아가서 이 문제를 고따마 사문께 물어보세. 고따마 사문께서 답을 주시면, 그것을 받아들이도록 하세."
바라드와자는 "벗이여, 그렇게 하세."라고 와셋타에게 응답했습니다.

그래서 와셋타와 바라드와자는 세존을 찾아가서 세존과 함께 정중하게 인사를 하고, 공손한 인사말을 나눈 후에 한쪽에 앉았습니다. 한쪽에 앉은 바라문 청년 와셋타가 세존께 게송으로 말씀드렸습니다.

Sn. 0594.

우리 둘은 3베다*에 통달한 자로
인정받고 스스로도 공언합니다.
저는 뽁카라싸띠의 학생이고
저 사람은 따룩카의 학생입니다.

Sn. 0595.

3베다에 설해진 것을
우리는 완전하게 통달했습니다.
베다의 구절을 해설하고
스승이 외운 대로 암송(暗誦)합니다.

Sn. 0596.

고따마여! 출생에 대한
이야기를 하다가 논쟁이 생겼습니다.
바라드와자는 출생에 의해서 바라문이 된다 했고,
저는 업(業)에 의해서 된다고 했습니다.
눈뜨신 분이여! 이와 같은 줄 아십시오.

♦   3베다는《리그베다》,《싸마베다》,《야주르베다》를 의미함.

Sn. 0597.
우리 둘은 서로서로
상대방을 설득할 수 없었기에
진정한 붓다라고 널리 알려진
존자님께 묻기 위해 왔습니다.

Sn. 0598.
졌다가 차오르는 달을 향해서
사람들이 합장하고 예배하듯이
세간에서는 고따마를
그와 같이 예배하고 공경합니다.

Sn. 0599.
세상에 눈으로 출현하신 분이여!
고따마께 우리는 묻습니다.
출생에 의해서 바라문이 되나요?
아니면 업에 의해서 되나요?
저희들은 알지 못하니
바라문을 알 수 있게 말해주세요.

Sn. 0600.
세존께서 말씀하시기를,
와쎗타여! 내가 그것에 대하여
차례차례 여실(如實)하게 설명하리라.
살아 있는 것들은 종류에 따라
태어날 때 서로서로 차이가 있다.

Sn. 0601.
풀이나 나무들을 보라!
스스로 다르다고 하진 않지만
그들에게 타고난 특징이 있다.
태어날 때 서로서로 차이가 있다.

Sn. 0602.
그다음에 벌레를 보라!
메뚜기에서 개미들까지
그들에게 타고난 특징이 있다.
태어날 때 서로서로 차이가 있다.

Sn. 0603.
네 발 달린 짐승을 보라!
크고 작은 짐승들은
그들에게 타고난 특징이 있다.
태어날 때 서로서로 차이가 있다.

Sn. 0604.
기어 다니는 뱀을 보라!
긴 등을 가진 뱀들도
그들에게 타고난 특징이 있다.
태어날 때 서로서로 차이가 있다.

Sn. 0605.
그리고 물고기를 보라!
물속에서 사는 물고기들도
그들에게 타고난 특징이 있다.
태어날 때 서로서로 차이가 있다.

Sn. 0606.
그리고 날개 달린 새들을 보라!
날아다니는 새들에게도
그들에게 타고난 특징이 있다.
태어날 때 서로서로 차이가 있다.

Sn. 0607.
이들처럼 모든 생물들은
저마다 타고난 특징이 있다.
그렇지만 인간들은 그와 달리
저마다 타고난 특징이 없다.

Sn. 0608.
머리카락에도 없고 머리에도 없고
귀에도 없고 눈에도 없고
입에도 없고 코에도 없고
입술에도 없고 눈썹에도 없다.

Sn. 0609.

목에도 없고 어깨에도 없고
배에도 없고 등에도 없고
엉덩이에도 없고 가슴에도 없고
음부에도 없고 성행위도 차이 없다.

Sn. 0610.

손에도 없고 발에도 없고
손가락에도 없고 손톱에도 없다.
장딴지에도 없고 허벅지에도 없고
피부색이나 음성에도 타고난 특징이 없다.
인간은 다른 생물들과 결코 같지 않다.

Sn. 0611.

각각의 인간의 몸에는
타고난 특징이 보이지 않는다.
굳이 말하자면 인간에게는
명칭의 구별이 있을 뿐이다.

Sn. 0612.
인간들 가운데 누구든
소를 치며 살아가는 자는
와쎗타여! 알아야 한다.
그는 농부다. 바라문이 아니다.

Sn. 0613.
인간들 가운데 누구든
여러 가지 기술로 살아가는 자는
와쎗타여! 알아야 한다.
그는 기술자다. 바라문이 아니다.

Sn. 0614.
인간들 가운데 누구든
상업(商業)으로 살아가는 자는
와쎗타여! 알아야 한다.
그는 상인(商人)이다. 바라문이 아니다.

Sn. 0615.
인간들 가운데 누구든
다른 사람 시중들며 살아가는 자는
와쎗타여! 알아야 한다.
그는 하인(下人)이다. 바라문이 아니다.

Sn. 0616.
인간들 가운데 누구든
도둑질로 살아가는 자는
와쎗타여! 알아야 한다.
그는 도둑이다. 바라문이 아니다.

Sn. 0617.
인간들 가운데 누구든
활 쏘는 재주로 살아가는 자는
와쎗타여! 알아야 한다.
그는 무사(武士)다. 바라문이 아니다.

Sn. 0618.
인간들 가운데 누구든
제사(祭祀)를 주관하며 살아가는 자는
와쎗타여! 알아야 한다.
그는 제관(祭官)이다. 바라문이 아니다.

Sn. 0619.
인간들 가운데 누구든
마을과 국토를 다스리는 자는
와쎗타여! 알아야 한다.
그는 왕이다. 바라문이 아니다.

Sn. 0620.
어머니의 자궁에서 태어난 존재를
나는 바라문이라고 부르지 않는다.
무언가를 가진 자는 '그대'라고 부른다.
가진 것 없고 집착 없는 사람
나는 그를 바라문이라고 부른다.

Sn. 0621.
일체의 속박 끊고 걱정 없는 사람
집착을 초월한 사람
속박을 벗어난 사람
나는 그를 바라문이라고 부른다.

Sn. 0622.
밧줄을 끊고 가죽 끈을 끊고
올가미와 굴레를 벗고
장애를 제거하고 깨달은 사람
나는 그를 바라문이라고 부른다.

Sn. 0623.
비난하고 매질하고 결박을 해도
인내심 많은 강한 군대처럼
화내지 않고 참아내는 사람
나는 그를 바라문이라고 부른다.

Sn. 0624.
친절하고 독실한 사람
계율을 지키고 자신을 길들여서
최후의 몸[最後身]을 이룬 사람
나는 그를 바라문이라고 부른다.

Sn. 0625.
연꽃잎에 달린 이슬만큼도
송곳 끝에 걸린 겨자씨만큼도
쾌락에 물들지 않는 사람
나는 그를 바라문이라고 부른다.

Sn. 0626.
자신의 괴로움 소멸했음 통찰하고
속박에서 벗어나
짐을 내려놓은 사람
나는 그를 바라문이라고 부른다.

Sn. 0627.

깊은 지혜 있는 총명한 사람

바른길과 그른 길에 정통한 사람

최고의 목적을 성취한 사람

나는 그를 바라문이라고 부른다.

Sn. 0628.

재가자든 출가자든

어느 누구와도 어울리지 않고

집 없이 사는 욕심 없는 사람

나는 그를 바라문이라고 부른다.

Sn. 0629.

동물에 대해서도 식물에 대해서도

살아 있는 모든 것에 폭력을 내려놓고

때리지 않고 죽이지 않는 사람

나는 그를 바라문이라고 부른다.

Sn. 0630.
모든 장애 가운데서 걸림이 없고
모든 폭력 가운데서 평온하고
집착의 대상에 집착하지 않는 사람
나는 그를 바라문이라고 부른다.

Sn. 0631.
송곳 끝에서 겨자씨가 떨어지듯
탐욕과 분노와 오만과 위선이
그에게서 떨어져 나간 사람
나는 그를 바라문이라고 부른다.

Sn. 0632.
부드럽고 유익한 말
진실한 말을 하고
누구에게든 악담(惡談)하지 않는 사람
나는 그를 바라문이라고 부른다.

Sn. 0633.

크든 작든 많든 적든
좋은 것이든 싫은 것이든
주지 않는 것을 취하지 않는 사람
나는 그를 바라문이라고 부른다.

Sn. 0634.

그에게는 이 세상과 저세상에서
존재하려는 욕망이 보이지 않는
애착 않고 속박에서 벗어난 사람
나는 그를 바라문이라고 부른다.

Sn. 0635.

그에게는 집착이 보이지 않고
구경지(究境智)로 모든 의심을 없애고
불사(不死)의 경지를 성취한 사람
나는 그를 바라문이라고 부른다.

Sn. 0636.

공덕(功德)에도 집착 않고

악덕(惡德)에도 집착 않는

근심 없고 티 없이 맑은 사람

나는 그를 바라문이라고 부른다.

Sn. 0637.

구름을 벗어난 달처럼

환락의 삶을 버린

티 없이 맑고 청정한 사람

나는 그를 바라문이라고 부른다.

Sn. 0638.

돌고 도는♦ 위험하고 험한 길과

어리석음 벗어나 저 언덕에 건너간

갈망도 없고 의심도 없고

집착 없는 평온한 선정(禪定) 수행자

나는 그를 바라문이라고 부른다.

♦ 'saṃsāraṃ'의 번역. 윤회(輪廻)로 한역된 'saṃsāra'는 '계속해서 돌다.'라는 의
미의 'saṃsarati'의 명사형이다.

Sn. 0639.

세상에서 감각적 쾌락 버리고
출가하여 집 없이 살아가는
쾌락의 삶을 버린 사람
나는 그를 바라문이라고 부른다.

Sn. 0640.

세상에서 갈애를 내버리고
출가하여 집 없이 살아가는
갈애의 삶을 버린 사람
나는 그를 바라문이라고 부른다.

Sn. 0641.

인간의 속박을 벗어버리고
천상의 속박에서 벗어나
모든 속박에서 자유로운 사람
나는 그를 바라문이라고 부른다.

Sn. 0642.

사랑도 내버리고 미움도 내버리고
집착이 없어서 맑고 시원한
일체의 세간을 극복한 영웅
나는 그를 바라문이라고 부른다.

Sn. 0643.

중생들의 태어남과 죽음을 알고
어떤 것에도 집착이 없는
잘 간 사람[善逝] 깨달은 사람[佛]
나는 그를 바라문이라고 부른다.

Sn. 0644.

그가 죽어서 가는 길을
천신도 건달바(乾闥婆)도 인간도 모르는
번뇌를 남김없이 없앤 아라한
나는 그를 바라문이라고 부른다.

Sn. 0645.
그에게는 가진 것이 앞에도 없고
중간에도 뒤에도 아무것도 없는
가진 것 없는 집착 없는 사람
나는 그를 바라문이라고 부른다.

Sn. 0646.
황소처럼 늠름한 영웅이며
위대한 선인(仙人)이며 승리자이며
갈망 없는 목욕한 깨달은 사람
나는 그를 바라문이라고 부른다.

Sn. 0647.
전생(前生)에 살던 곳을 알고
천상과 지옥을 보고
태어남을 없앤 사람
나는 그를 바라문이라고 부른다.

Sn. 0648.
명칭과 가문의 이름은
세간에서 만들어진 것이다.
세간의 관습에 의하여 생긴
그때그때 만들어진 것이다.

Sn. 0649.
오랜 세월 잠재(潛在)해 있는
무지한 견해를 버리지 못한
무지한 자들은 주장한다.
"출생에 의해서 바라문이 된다."

Sn. 0650.
출생에 의해서 바라문이 되지 않는다.
출생에 의해서 바라문이 아닌 자가 되지 않는다.
업에 의해서 바라문이 되고
업에 의해서 바라문이 아닌 자가 된다.

Sn. *0651.*

업에 의해서 농부가 되고
업에 의해서 기술자가 된다.
업에 의해서 상인이 되고
업에 의해서 하인이 된다.

Sn. *0652.*

업에 의해서 도둑이 되고
업에 의해서 무사가 된다.
업에 의해서 제관이 되고
업에 의해서 왕이 된다.

Sn. *0653.*

연기(緣起)를 보고 업보(業報)를 아는
지혜로운 사람들은
이와 같이 업을
여실하게 본다.

Sn. 0654.
세상도 업에서 생기고
사람들도 업에서 생긴다.
바퀴의 축을 고정하는 못처럼
중생들은 업에 의해 묶여 있다.

Sn. 0655.
고행(苦行)에 의해서 범행(梵行)에 의해서
자제(自制)하고 수련(修練)하여 바라문이 된다.
바라문은 이렇게 되는 것이다.
이것이 최상의 바라문이다.

Sn. 0656.
와쎗타여! 그대는 알아야 한다.
삼명(三明)에 통달하고
이후의 존재[後有]가 소멸한
참사람이 범천(梵天)이고 제석천(帝釋天)이다.

이와 같이 말씀하시자, 바라문청년 와셋타와 바라드 와자는 이렇게 말했습니다.

"훌륭합니다. 고따마 존자여! 훌륭합니다. 고따마 존자여! 고따마 존자여, 마치 뒤집힌 것을 바로 세우는 것 같고, 감추어진 것을 드러내는 것 같고, 길 잃은 자에게 길을 알려주는 것 같고, '눈 있는 자들은 보라.'고 어둠 속에 등불을 비춰주는 것 같습니다. 이와 같이 고따마 존자께서는 여러 가지 방법으로 진리를 알려주셨습니다. 고따마 존자여, 그래서 저는 고따마 존자님께 귀의합니다. 가르침과 비구 승가에 귀의합니다. 고따마 존자께서는 저를 청신사(淸信士)로 받아 주소서. 지금부터 살아 있는 날까지 귀의하겠나이다."

10

고깔리야-숫따
Kokāliya-sutta

●

꼬깔리야
비구

해제

업(業)은 사회적 지위를 결정할 뿐만 아니라 자신의 행복과 불행을 결정한다. 특히 개인의 행복과 불행을 결정하는 가장 중요한 업은 언어로 행하는 구업(口業)이다. 그래서 이 경은 맨 먼저 입으로 짓는 악업(惡業)을 경계한다.

> "사람이 태어날 때
> 입안에 도끼가 생긴다.
> 어리석은 사람은 나쁜 말 하여
> 그것으로 자신을 찍는다."(제657게)

이 경에서는 악업을 경계하기 위하여 생전에 지은 업은 죽은 후에도 받게 된다고 다음과 같이 경고한다.

"업은 어떤 것도 사라지지 않는다.
돌아오면 주인이 그것을 받는다.
못된 짓을 한 어리석은 자는
내세에 자신이 괴로움을 겪는다."(제666게)

⊙

이와 같이 나는 들었습니다.

한때 세존께서 싸왓티의 제따와나 아나타삔디까 사원에 머무셨습니다. 그때 꼬깔리야(Kokāliya) 비구가 세존을 찾아와서 세존께 예배한 후에 한쪽에 앉았습니다. 한쪽에 앉은 꼬깔리야 비구가 세존께 말씀드렸습니다.

"세존이시여, 싸리뿟따(Sāriputta)와 목갈라나(Moggallānā)는 사악한 욕망에 빠져서 사악한 욕망을 가지고 있습니다." 이와 같이 말씀드리자. 세존께서 꼬깔리야 비구에게 말했습니다.

"꼬깔리야여, 그렇게 말하지 말라! 꼬깔리야여, 싸리뿟따와 목갈라나의 마음을 믿어라! 싸리뿟따와 목갈라나는 올바르다."

그러자 꼬깔리야 비구는 다시 세존께 말씀드렸습니다.

"세존이시여, 비록 세존께서 청정하고 믿을 만하다고 저에게 말씀하실지라도, 싸리뿟따와 목갈라나는 사악한 욕망에 빠져서 사악한 욕망을 가지고 있습니다." 이와 같이 두 번째로 말씀드리자, 세존께서 다시 꼬깔리야 비구에게 말했습니다.

"꼬깔리야여, 그렇게 말하지 말라! 꼬깔리야여, 싸리뿟

따와 목갈라나의 마음을 믿어라! 싸리뿟따와 목갈라
나는 올바르다."

그렇지만 꼬깔리야 비구는 다시 세존께 말씀드렸습
니다.

"세존이시여, 비록 세존께서 청정하고 믿을 만하다고
저에게 말씀하실지라도, 싸리뿟따와 목갈라나는 사악
한 욕망에 빠져서 사악한 욕망을 가지고 있습니다."

이와 같이 세 번째로 말씀드리자, 세존께서 다시 꼬깔
리야 비구에게 말했습니다.

"꼬깔리야여, 그렇게 말하지 말라! 꼬깔리야여, 싸리
뿟따와 목갈라나의 마음을 믿어라! 싸리뿟따와 목갈
라나는 올바르다."

그러자 꼬깔리야 비구는 세존께 예배하고 자리에서
일어나 가사(袈裟)를 한쪽 어깨에 걸치고 오른쪽으로
돈 후에 떠나갔습니다.

그곳을 떠난 지 얼마 안 되어 꼬깔리야 비구의 몸 전
체에 겨자씨만 한 종기가 퍼졌습니다. 겨자씨만 하던
것이 팥알만 해졌고, 팥알만 하던 것이 완두콩알만 해
졌고, 완두콩알만 하던 것이 대추씨만 해졌고, 대추씨
만 하던 것이 대추만 해졌고, 대추만 하던 것이 아말

라까(āmalaka)만 해졌고, 아말라까만 하던 것이 덜 익은 윌바(vilva) 열매만 해졌고, 덜 익은 윌바 열매만 하던 것이 익은 윌바 열매만 해졌고, 익은 윌바 열매만 해졌을 때 터져서 고름과 피가 흘러나왔습니다. 꼬깔리야 비구는 그 병으로 죽었으며, 싸리뿟따와 목갈라나에 대하여 증오하는 마음을 품었기 때문에 죽은 후에 빠두마(Paduma) 지옥에 태어났습니다.

그때 밤이 되자 싸함빠띠(Sahampati) 범천(梵天)이 휘황찬란한 모습으로 제따와나를 훤히 밝히면서 세존을 찾아와서 예배한 후에 한쪽에 섰습니다. 한쪽에 선 싸함빠띠 범천이 세존께 말씀드렸습니다.

"세존이시여, 꼬깔리야 비구가 죽었습니다. 세존이시여, 죽은 꼬깔리야 비구는, 싸리뿟따와 목갈라나에 대하여 증오하는 마음을 품었기 때문에, 빠두마 지옥에 태어났습니다."

싸함빠띠 범천은 이 말을 하고서 세존께 예배하고 오른쪽으로 돈 후에 사라졌습니다.

그날 밤이 지나자 세존께서 비구들에게 말씀하셨습니다.

"비구들이여, 오늘 밤에 싸함빠띠 범천이 밤이 되자

나를 찾아와서 '세존이시여, 꼬깔리야 비구가 죽었습니다. 세존이시여, 죽은 꼬깔리야 비구는, 싸리뿟따와 목갈라나에 대하여 증오하는 마음을 품었기 때문에, 빠두마 지옥에 태어났습니다.'라고 말하고서 나에게 예배하고 오른쪽으로 돈 후에 사라졌다오."

이와 같이 말씀하시자, 어떤 비구가 세존께 말씀드렸습니다.

"세존이시여, 빠두마 지옥의 수명은 얼마나 깁니까?"

"비구여, 빠두마 지옥의 수명의 길이는 '몇 년이다', '몇백 년이다', 또는 '몇천 년이다', '몇십만 년이다'라고 헤아릴 수가 없다오."

"세존이시여, 그렇다면 비유는 가능합니까?"

세존께서는 "가능하다."라고 말씀하시고, 이렇게 말씀하셨습니다.

"비구여, 비유하여, 꼬쌀라(Kosala)의 참깨 나르는 수레에 실린 20카리(khārī)의*참깨를 어떤 사람이 100년이 지날 때마다 한 알씩 들어낸다고 하면, 비구여,

---

♦ 'vīsatikhāriko Kosalako tilavāho'의 번역. 'khārī'는 용량(容量)의 단위인데 정확히 어느 정도인지는 알 수 없다. 꼬쌀라 국에서 참깨를 운반할 때 사용하는 수레에는 20카리(khārī)의 참깨를 실었던 것 같다.

이렇게 하여 수레에 실린 20카리의 참깨가 다 없어
지고 사라져도, 압부다(Abbuda) 지옥의 수명은 다하
지 않는다오. 비구여, 20압부다 지옥의 수명이 1니
랍부다(Nirabbuda) 지옥의 수명이고, 20니랍부다 지옥
의 수명이 1아바바(Ababa) 지옥의 수명이고, 20아바
바 지옥의 수명이 1아하하(Ahaha) 지옥의 수명이고,
20아하하 지옥의 수명이 1아따따(Aṭaṭa) 지옥의 수명
이고, 20아따따 지옥의 수명이 1꾸무다(Kumuda) 지
옥의 수명이고, 20꾸무다 지옥의 수명이 1쏘간디까
(Sogandhika) 지옥의 수명이고, 20쏘간디까 지옥의 수
명이 1웁빨라까(Uppalaka) 지옥의 수명이고, 20웁빨라
까 지옥의 수명이 1뿐다리까(Puṇḍarika) 지옥의 수명이
고, 20뿐다리까 지옥의 수명이 1빠두마 지옥의 수명
이라오. 비구여, 그런데 그 빠두마 지옥에 꼬깔리야
비구가 태어난 것은 싸리뿟따와 목갈라나에 대하여
증오하는 마음을 품었기 때문이라오."
세존께서는 이렇게 말씀하셨습니다. 선서(善逝)께서
는 이렇게 말씀하셨습니다. 그리고 다시 스승님께서
말씀하셨습니다.

Sn. 0657.

사람이 태어날 때
입안에 도끼가 생긴다.
어리석은 사람은 나쁜 말 하여
그것으로 자신을 찍는다.

Sn. 0658.

비난받을 사람을 칭찬하거나
칭찬받을 사람을 비난하는 자
그는 입으로 죄를 짓는다.
죄로 인해 행복을 얻지 못한다.

Sn. 0659.

도박으로 모든 재산을 잃고
자기 자신까지 잃어버린 자
이 사람의 죄는 작은 것이다.
잘 가신 분[善逝]에게 악의(惡意) 품는 자
이 사람의 죄는 훨씬 더 크다.

Sn. 0660.
사악한 말과 마음을 내어
거룩한 사람[聖人]을 비난하는 자는
360만 번을 니랍부다 지옥에
다섯 번을 압부다 지옥에 떨어진다.

Sn. 0661.
자기가 하고서 '내가 하지 않았다.'
거짓말하는 자는 지옥에 떨어진다.
악업 지은 사람들도 그 다음에
죽어서 똑같은 처지가 된다.

Sn. 0662.
잘못 없는 사람에게, 죄 없는 사람에게
청정한 사람에게 악의를 품는
어리석은 자에게는 죄가 돌아온다.
바람을 향해 날린 먼지가 돌아오듯

Sn. 0663.
탐욕에 빠진 자는
말로써 남을 헐뜯는다.
이간질에 열중인 자 이기적이며
믿음 없고 인색하고 탐욕스럽다.

Sn. 0664.
입이 더럽고 진실하지 못한 천박한 자야!
살생하는 사악한 자야! 악을 행하는 자야!
죄를 뒤집어쓰고 태어난 인간말종(人間末種)아!
많은 말 할 것 없이 그대는 지옥에 떨어질 운명이다.

Sn. 0665.
그대는 먼지 뿌려 세상을 더럽혔다.
참사람을 비난하는 못된 짓 했다.
수많은 악행을 저지르고서
길고도 어두운 지옥에 간다.

Sn. 0666.

업은 어떤 것도 사라지지 않는다.
돌아오면 주인이 그것을 받는다.
못된 짓을 한 어리석은 자는
내세에 자신이 괴로움을 겪는다.

Sn. 0667.

쇠말뚝이 박혀 있는 지옥에 떨어져서
쇠말뚝에 꽂히는 가혹한 고통 받고
그곳에서 먹어야 하는 음식은
뜨거운 쇠구슬 같은 것이다.

Sn. 0668.

고운 말 하거나 적극 나서서
구제해주는 자 아무도 없이
불길이 뜨겁게 타오르는
이글대는 숯불 속에 집어넣는다.

Sn. 0669.
그곳에서는 그물로 묶어서
그를 쇠망치로 내리치고
안개처럼 펼쳐진 어두운
암흑 속으로 끌고 들어간다.

Sn. 0670.
그리고 불길이 뜨겁게 타오르는
구리물 가마솥에 집어넣는다.
그는 불길 속을 오르내리며
그곳에서 오랜 세월 삶아진다.

Sn. 0671.
못된 짓을 한 자는 그 누구나
피고름 뒤섞인 솥에서 삶아진다.
그곳에서는 어느 쪽으로 가도
피고름에 닿아서 젖게 된다.

Sn. 0672.
못된 짓을 한 자는 그 누구나
구더기가 득실대는 물솥에 빠진다.
가마솥의 테두리가 모두 같아서
그 누구도 빠져나올 언덕이 없다.

Sn. 0673.
나뭇잎이 칼날같이 날카로운 숲에
사지(四肢)가 잘린 채로 끌고 들어가
낚시 바늘로 혀를 꿰어놓고
갈기갈기 찢어지도록 때린다.

Sn. 0674.
날카로운 면도날이 흐르는
험악한 웨따라니(Vetaraṇi) 강에
어리석은 자들은 악행을 저지르고
죄인이 되어서 그곳에 빠진다.

Sn. 0675.
그곳에서 울부짖는 죄인들을
검고 다양한 까마귀 떼와
게걸스런 개와 늑대가 씹어 먹고
독수리와 까마귀가 쪼아 먹는다.

Sn. 0676.
이것이 못된 짓을 한 사람이
겪어야 하는 참혹한 삶이다.
그러므로 이제 남겨진 삶은
해야 할 일 하면서 방일하지 말라!

Sn. 0677.
빠두마 지옥에 떨어진 자는
수레 속의 깨알만큼 많은 세월을
그곳에서 보낸다고 현자들은 헤아렸나니
5나유타(那由他) 구지(俱胝) 하고도 1,200구지다.♦

♦ 'nahutāni hi koṭiyo pañca bhavanti dvādasa koṭisatāni pun' aññā'의 번역. 구지(俱胝)로 한역된 'koṭiya'는 100억이고, 나유타(那由他)로 한역된 'nahuta'는 구지의 4제곱이다.

Sn. 0678.

여기에서 말한 고통스런 지옥에서
그만큼의 긴 세월을 살아야 한다.
그러므로 청정하고 단정하고 훌륭한 분들에 대하여
항상 말과 마음을 수호(守護)해야 한다.

날라까-숫따
Nālaka-sutta

●

날라까

해제

산문 없이 45개의 가타(偈)로 이루어진 이 경은 붓다가 태어났을 때 아씨따(Asita) 선인이 붓다의 관상을 본 이야기를 전하고 있다. 20개의 가타(偈)로 이루어진 전반부는 서시(序詩)로서 아씨따가 붓다의 관상을 본 이야기와 자신의 조카인 날라까(Nālaka)에게 훗날 붓다가 출현하면 그를 찾아가서 가르침을 받을 것을 당부하는 내용이다. 25개의 가타로 이루어진 후반부는 날라까가 아씨따의 당부를 기억하고 정각을 성취한 붓다를 찾아와서 가르침을 받는 내용이다.

Sn. 0679.

아씨따 선인(仙人)은 오후 휴식 시간에

기쁨에 넘쳐 환희하며 옷을 벗어 들고

열렬하게 인드라(Indra)를 찬양하는

깨끗한 옷을 입은 도리천(忉利天)의 천신들을 보았다네.

Sn. 0680.

신이 나서 희열에 찬 천신들을 보고

존경을 표하면서 이렇게 말했다네.

어찌하여 천신들은 크게 기뻐하나요?

무슨 일로 옷을 들고 흔들고 있나요?

Sn. 0681.

과거에 아수라(Asura)와 전투를 해서

신들이 승리하고 아수라가 졌을 때도

이처럼 털이 서게 환희하진 않았는데

어떤 희유한 것을 보았기에 신들이 기뻐하나요?

Sn. 0682.

환호하고 노래하고 연주하고
손뼉 치며 춤을 추는군요.
수미산 정상에 사는 분께 묻사오니
존자여! 제 궁금증 어서 풀어주세요!

Sn. 0683.

무가(無價)의 보배인 보살님께서
이익과 행복 주러 인간 세상에
싸꺄(Sakya)족 마을 룸비니(Lumbinī) 동산에 태어났다오.
그래서 우리는 크게 기뻐한다오.

Sn. 0684.

살아 있는 존재 중에 가장 높은 분
최고의 인간이며 황소 같은 사람
인류 중의 으뜸인 분 녹야원(鹿野苑) 숲에서
사자가 울부짖듯 법륜(法輪)을 굴릴 것이오.

Sn. 0685.
그 말 듣고 그는 서둘러 내려와서
쑷도다나(Suddhodana)의 왕성(王城)에 도착했다네.
그는 그곳에 앉아 싸꺄들에게 말했다네.
"왕자는 어디 있나요? 나도 그를 보고 싶군요."

Sn. 0686.
그래서 싸꺄들은 대장간의 화덕에서
솜씨 좋게 제련된 황금처럼 빛나는
눈부시게 아름다운 아기 왕자를
아씨따라는 사람에게 보여줬다네.

Sn. 0687.
밤하늘 샛별이나 달처럼 청정하고
청명한 가을 하늘 태양처럼 빛나는
눈부시게 아름다운 왕자를 보고 나서
환희가 샘솟는 큰 기쁨 얻었다네.

Sn. 0688.

천신들은 공중에 수많은 살대와
1,000개 테를 두른 일산(日傘)을 펼치고
황금 자루 불자(拂子)들을 흔들었으나
불자와 일산을 잡고 있는 이는 보이지 않았다네.

Sn. 0689.

깡하씨리(Kaṇhasiri)♦라는 결발(結髮) 선인은
노란 강보(襁褓) 속에 하얀 일산으로 머리를 가린
황금 장신구 같은 아기를 보고
북받치는 행복감을 느끼며 그를 받아들었다네.

Sn. 0690.

싸카족 황소를♦♦ 받아들고 살펴본
관상(觀相)과 베다에 능통한 선인은
청량(淸涼)한 마음으로 탄성(歎聲)을 질렀다네.
"이분은 위없는 분, 인간 중에 으뜸이다."

♦   아씨따 선인의 다른 이름.
♦♦ 'Sakyapuṅgavaṃ'의 번역. 석가(釋迦)족의 영웅, 또는 지도자라는 의미이다.

Sn. 0691.
그리고 자신이 죽어갈 일 생각하자
마음이 울적해져 슬픈 눈물 흘렸다네.
싸꺄들이 슬피 우는 선인 보고 말했다네.
"혹시 왕자에게 재앙이라도 있게 되나요?"

Sn. 0692.
걱정하는 싸꺄들을 보고 선인은 말했다네.
나는 왕자에게 불길한 것 못 보았소.
그에게 재앙은 있지 않을 것이오.
천한 관상 아니니 이분 걱정하지 마오.

Sn. 0693.
이 왕자는 지고한 정각(正覺)을 성취하여
최상의 청정(淸淨)을 보고 많은 사람을
요익하고 애민하여 법륜(法輪) 굴릴 것이오.
그의 청정한 수행[梵行]은 널리 알려질 것이오.

Sn. 0694.
이생에서 나의 수명 얼마 남지 않았다오.
그래서 죽음이 나에게 오는 동안
비할 바 없는 법을 나는 듣지 못할 것이오.
그래서 나는 시들어가는 것이 서럽고 괴롭다오.

Sn. 0695.
싸꺄들에게 커다란 기쁨을 일으킨 후에
청정한 수행자는 궁(宮)에서 나왔다네.
그는 자신의 조카를 애민하여
비할 바 없는 가르침을 받게 했다네.

Sn. 0696.
바른 깨달음을 얻은 '붓다'가
진리의 길 간다는 소문 들으면
그때 너는 그곳에 가서 묻고
그 세존 밑에서 범행(梵行)을 닦아라!

Sn. 0697.

더없이 청정한 분을 예견한 분에게
고마운 마음으로 충고 받은 날라까는
많은 공덕 쌓고 승리자를 기다리며
지각활동을 지켜보며 살았다네.

Sn. 0698.

훌륭한 수레바퀴를 굴리는 승리자에 대한 소문을 듣고
가서 가장 훌륭한 선인을 보고 청정한 믿음으로
아씨따 선인의 가르침에 따라 물었다네.
지고한 성자(聖者)의 삶과 존귀한 성자(聖者)에 대하여.

– 서시(序詩) 끝♦ –

Sn. 0699.

아씨따의 말씀이
사실임을 알았습니다.
일체의 법(法)에 통달하신
고따마께 묻습니다.

♦   'Vatthugāthā niṭṭhitā'의 번역. 여기까지는 서문에 해당한다는 뜻.

Sn. 0700.
출가 수행자 되어 걸식하며
살아가기 바라옵니다.
지고한 성자의 삶에 대해 묻습니다.
성자께서는 제 질문에 답해주소서!

Sn. 0701.
세존께서 말씀하시기를,
행하기 어렵고 성취하기 어려운
성자의 삶 그대에게 알려주리라.
이제 그대에게 이야기하리니
확고한 마음으로 굳게 지켜라!

Sn. 0702.
마을에서 욕을 먹든 존경을 받든
악의(惡意)를 품지 않고 고요하고
겸손하게 유행(遊行)하면서
한결같이 평온해야 한다.

Sn. *0703.*

숲에서도 크고 작은 소리를 내며
타오르는 불꽃처럼
여인들이 성자를 유혹한다.
바로 그때 유혹되지 말라!

Sn. *0704.*

음행을 삼가고
이 세상 저세상의 쾌락을 버리고
동물이든 식물이든 모든 생명을
거역하지 말고 좋아하지도 말라!

Sn. *0705.*

나도 그들과 마찬가지고
그들도 나와 마찬가지다.
자신과 동등하게 대하라!
때리지 말고 죽이지 말라!

Sn. 0706.
범부(凡夫)가 집착하는
욕망과 탐욕을 버려라!
눈뜬 사람이 이를 실천하면
구렁텅이를 건너가게 된다.

Sn. 0707.
배를 비우고 음식을 절제하며
욕망을 줄이고 탐욕을 버려라!
적은 욕심으로 항상 만족하고
바라는 것 없는 것이 적멸(寂滅)이다.

Sn. 0708.
성자는 탁발한 후에
숲에 자주 들어가서
나무 아래 자리 잡고
마련된 자리에 앉는다.

Sn. 0709.

현자는 숲속에서 부지런히
선정(禪定)에 들어 즐긴다.
선정을 닦아라! 나무 아래서
자신을 즐겁게 하기 위하여

Sn. 0710.

그리고 이른 새벽에
마을에 들어가되
마을 사람 초청이나
선물을 즐기지 말라!

Sn. 0711.

성자는 마을에 가면 가정집에서
사려 깊지 못한 행동 하지 않는다.
벙어리처럼 밥을 구하고
말을 함부로 하지 않는다.

Sn. 0712.

얻어도 좋고 얻지 못해도
성자는 괜찮다고 생각한다.
얻든 얻지 못하든 이렇게
생각하며 나무로 돌아온다.

Sn. 0713.

손에 발우를 든 성자는
벙어리는 아니지만 벙어리처럼 보인다.
준 것이 적어도 비웃지 않고
준 사람을 업신여기지 않는다.

Sn. 0714.

나는 높고 낮은
사문(沙門)의 길을 보여주었다.
피안(彼岸)에는 두 번 가지 않지만♦
이것을 한 번만 느끼는 것은 아니다.♦♦

♦   'na pāraṃ diguṇaṃ yanti'의 번역. 열반(涅槃)은 한 번 성취하면 된다는 의미이다.
♦♦   'na idaṃ ekaguṇaṃ mutaṃ'의 번역. 한 번 열반을 성취하면 항상 열반의 즐거
     움을 누리게 된다는 의미이다.

Sn. 0715.

거센 강물을 끊은 비구
그에게는 집착이 없다.
해야 할 일도 해서는 안 될 일도
모두 버린 그에게는 고뇌가 없다.

Sn. 0716.

세존께서 말씀하시기를
그대에게 성자의 삶 알려주겠다.
면도날처럼 하여
혀를 입천장에 붙이고
생각은 복부(腹部)에 두어라!

Sn. 0717.

비린내 내지 말고◆ 집착하지 말고
범행(梵行)을 목표로 삼아라!
용맹한 마음 갖되
많은 생각 하지 말라!

◆　'nirāmagandho'의 번역. 살생 등의 악행을 하지 말라는 의미다.

Sn. 0718.
홀로 살아가는
사문의 수행을 배워라!
고독은 지혜를 알려준다.
홀로 있으면 즐거울 것이다.

Sn. 0719.
그러면 온 세상에 빛날 것이다.
쾌락을 버리고 선정을 닦는
현자(賢者)라는 소리 듣고 이에 더하여
수치심과 믿음을 자신의 것으로 만들라!

Sn. 0720.
강과 웅덩이와 협곡을 보라!
작은 강과 웅덩이의 물은
요란한 소리를 내며 흐르고
큰 바다는 소리 없이 흐른다.

Sn. 0721.
빈 그릇은 요란한 소리를 내고
가득찬 그릇은 소리 없이 고요하다.
어리석은 자는 빈 항아리 같고
현명한 자는 깊은 호수와 같다.

Sn. 0722.
수행자는 말을 많이 하더라도
의미를 갖춘 말을 한다.
그는 법을 알고 보여준다.
그는 아는 것을 많이 말한다.

Sn. 0723.
알지만 자제하고
많은 말을 않는 사람
그분은 성자의 자격이 있다.
성자의 지위에 이른 분이다.

12

드와야따누빳싸나-숫따
Dvayatānupassanā-sutta

●

두 가지
관찰

해제

『숫따니빠따』에서 가장 긴 이 경은 산문 사이사이에 42개의 가타(偈)가 들어 있다. 경의 이름인 '드와야따누빳싸나(Dvayatānupassanā)'는 '두 가지'를 의미하는 '드와야따(Dvayata)'와 '관찰'을 의미하는 '아누빳싸나(anupassanā)'의 합성어로서 '두 가지 관찰'을 의미한다. 여기에서 이야기하는 두 가지 관찰은 첫째는 4성제(四聖諦)의 고성제(苦聖諦)와 고집성제(苦集聖諦), 즉 괴로움에 대한 관찰이고, 둘째는 고멸성제(苦滅聖諦)와 고멸도성제(苦滅道聖諦), 즉 괴로움의 소멸에 대한 관찰이다. 붓다는 항상 자신은 괴로움과 괴로움의 소멸에 대하여 가르친다고 말했다. 이 경은 바로 이러한 붓다의 가르침을 가장 간결하게 보여주는 법문이다.

이 경에서 주목되는 것은 4성제를 설한다고 선언하신 붓다가 실제로 말씀하신 내용은 무명(無明)에서 유(有)에 이르는 연기법(緣起法)이라는 것이다. 이것은 사성제와 연기법이 서로 다른 것이 아니며, 연기법의 유전문(流轉門)이 고성제와 고집성제이고, 환멸문이 고멸성제와 고멸도성제라는 것을 이 경은 우리에게 잘 보여주고 있는 것이다.

⊙

한때 세존께서 싸왓티의 뿝바라마(Pubbārama) 미가라
마뚜(Migāramātu) 강당에 머무셨습니다. 어느 포살의
날 보름날 밤에 세존께서는 비구 승가에 둘러싸여
앉아계셨습니다. 세존께서는 침묵하고 있는 비구 승
가를 묵묵히 둘러보신 후에 비구들에게 말씀하셨습
니다.

"비구들이여, 욕망에서 벗어나 바른 깨달음으로 이
끄는 거룩한 선법(善法)이 있다오. 비구들이여, '그 욕
망에서 벗어나 바른 깨달음으로 이끄는 거룩한 선법
을 그대들은 무엇 때문에 배우는가?'라는 질문을 받
으면, 그대들은 '두 가지 법을 있는 그대로 알기 위해
서'라고 말해야 한다오. 그렇다면 그대들은 어떤 두
가지를 말해야 하는가? '이것은 괴로움이고, 이것이
괴로움의 쌓임이다.'라는 것을 관찰하는 것이 첫 번
째 관찰이고, '이것은 괴로움의 소멸이고, 이것이 괴
로움의 소멸에 이르는 길이다.'라는 것을 관찰하는
것이 두 번째 관찰이라오. 비구들이여, 이와 같은 올
바른 두 가지 관찰을 하면서 방일하지 않고 열심히
정진하며 살아가는 비구는 두 가지 결실 가운데 하

나의 결실을 기대할 수 있다오. 그는 지금 여기에서 구경지(究竟智)를 얻거나,* 집착이 남아 있다면 불환과 (不還果)를 얻는다오."

세존께서는 이렇게 말씀하셨습니다. 선서(善逝)께서는 이렇게 말씀하셨습니다. 그리고 다시 스승님께서 말씀하셨습니다.

Sn. 0724.
괴로움과 괴로움의 근원을 통찰하지 못하고
모든 괴로움을 남김없이 소멸하여
괴로움의 평온에 이르는
그 길을 알지 못하는 사람들은

Sn. 0725.
심해탈(心解脫)도 얻을 수 없고
혜해탈(慧解脫)도 얻을 수 없다.
그들은 괴로움을 끝낼 수 없다.
그들은 태어나서 늙어가게 된다.

◆ 'ditthe va dhamme aññā'의 번역.

Sn. 0726.
괴로움과 괴로움의 근원을 통찰하고
모든 괴로움을 남김없이 소멸하여
괴로움의 평온에 이르는
그 길을 아는 사람들은

Sn. 0727.
심해탈도 얻을 수 있고
혜해탈도 얻을 수 있다.
그들은 괴로움을 끝낼 수 있다.
그들은 태어나서 늙어가지 않는다.

"비구들이여 만약에 '다른 방법으로 올바른 두 가지
관찰을 할 수 있는가?'라는 질문을 받으면, 그대들은
'있다.'라고 말해야 한다오. 그렇다면 어떤 방법인가?
'발생한 괴로움은 어떤 것이든 모두가 취착(取著)에
의지하고 있다.'♦라는 것을 관찰하는 것이 첫 번째 관
찰이고, '취착이 남김없이 사라져서 소멸하면 괴로움

♦ 'yaṃ kiñci dukkhaṃ sambhoti sabbaṃ upadhipaccayā'의 번역.

은 생기지 않는다.'라는 것을 관찰하는 것이 두 번째 관찰이라오. 비구들이여, 이와 같은 올바른 두 가지 관찰을 하면서 방일하지 않고 열심히 정진하며 살아가는 비구는 두 가지 결실 가운데 하나의 결실을 기대할 수 있다오. 그는 지금 여기에서 구경지를 얻거나, 집착이 남아 있다면 불환과를 얻는다오."

세존께서는 이렇게 말씀하셨습니다. 선서께서는 이렇게 말씀하셨습니다. 그리고 다시 스승님께서 말씀하셨습니다.

Sn. 0728.
세간에 있는 갖가지 괴로움은
모두가 취착을 인연으로 생긴다.
이를 알지 못하고 취착하는
어리석은 사람 거듭하여 괴로움을 겪는다,
그러므로 이를 통찰하여 괴로움의 발생과
근원을 관찰하는 사람은 취착하지 않는다.

"비구들이여 만약에 '다른 방법으로 올바른 두 가지 관찰을 할 수 있는가?'라는 질문을 받으면, 그대들은

'있다.'라고 말해야 한다오. 그렇다면 어떤 방법인가? '발생한 괴로움은 어떤 것이든 모두가 무명(無明)에 의지하고 있다.'라는 것을 관찰하는 것이 첫 번째 관찰이고, '무명이 남김없이 사라져서 소멸하면 괴로움은 생기지 않는다.'라는 것을 관찰하는 것이 두 번째 관찰이라오. 비구들이여, 이와 같은 올바른 두 가지 관찰을 하면서 방일하지 않고 열심히 정진하며 살아가는 비구는 두 가지 결실 가운데 하나의 결실을 기대할 수 있다오. 그는 지금 여기에서 구경지를 얻거나, 집착이 남아 있다면 불환과를 얻는다오."

세존께서는 이렇게 말씀하셨습니다. 선서께서는 이렇게 말씀하셨습니다. 그리고 다시 스승님께서 말씀하셨습니다.

Sn. 0729.
나고 죽는 윤회를 거듭하면서
이 세상의 존재에서 다른 존재로
나아가는 자들은 실로
무명 때문에 가는 것이다.

Sn. 0730.

무명이 실로 큰 어리석음이다.

오랜 세월 헤맨 것은 그 때문이다.

명지(明智)에 도달한 중생들은

이후의 존재[後有]로 가지 않는다.♦

"비구들이여 만약에 '다른 방법으로 올바른 두 가지
관찰을 할 수 있는가?'라는 질문을 받으면, 그대들
은 '있다.'라고 말해야 한다오. 그렇다면 어떤 방법인
가? '발생한 괴로움은 어떤 것이든 모두가 조작하는
행위[行]에 의지하고 있다.'♦♦라는 것을 관찰하는 것
이 첫 번째 관찰이고, '조작하는 행위가 남김없이 사
라져서 소멸하면 괴로움은 생기지 않는다.'라는 것을
관찰하는 것이 두 번째 관찰이라오. 비구들이여, 이
와 같은 올바른 두 가지 관찰을 하면서 방일하지 않
고 열심히 정진하며 살아가는 비구는 두 가지 결실
가운데 하나의 결실을 기대할 수 있다오. 그는 지금
여기에서 구경지를 얻거나, 집착이 남아 있다면 불

♦　'nāgacchanti punabbhavaṃ'의 번역.

♦♦　'yaṃ kiñci dukkhaṃ sambhoti sabbaṃ saṃkhārapaccayā'의 번역.

환과를 얻는다오."
세존께서는 이렇게 말씀하셨습니다. 선서께서는 이렇게 말씀하셨습니다. 그리고 다시 스승님께서 말씀하셨습니다.

Sn. 0731.
발생한 괴로움은 어떤 것이든
조작하는 행위를 인연으로 생긴 것이다.
그러므로 조작하는 행위가 소멸하면
괴로움은 생기지 않는다.

Sn. 0732.
괴로움은 조작하는 행위에 의지하고 있다.
이러한 위험을 알아차리고
일체의 조작하는 행위 그치고.
관념[想]을 없애면♦ 괴로움이 소멸한다.
이것을 사실 그대로 알고

♦ 'saññāya uparodhanā'의 번역.

Sn. 0733.

바르게 보고 바르게 아는
지혜에 통달한 현자들은
마라의 속박을 벗어나
이후의 존재로 가지 않는다.

"비구들이여 만약에 '다른 방법으로 올바른 두 가지
관찰을 할 수 있는가?'라는 질문을 받으면, 그대들은
'있다.'라고 말해야 한다오. 그렇다면 어떤 방법인가?
'발생한 괴로움은 어떤 것이든 모두가 분별[識]에 의
지하고 있다.'♦라는 것을 관찰하는 것이 첫 번째 관
찰이고, '분별이 남김없이 사라져서 소멸하면 괴로움
은 생기지 않는다.'라는 것을 관찰하는 것이 두 번째
관찰이라오. 비구들이여, 이와 같은 올바른 두 가지
관찰을 하면서 방일하지 않고 열심히 정진하며 살아
가는 비구는 두 가지 결실 가운데 하나의 결실을 기
대할 수 있다오. 그는 지금 여기에서 구경지를 얻거
나, 집착이 남아 있다면 불환과를 얻는다오."

♦ 'yaṃ kiñci dukkhaṃ sambhoti sabbaṃ viññāṇapaccayā'의 번역.

세존께서는 이렇게 말씀하셨습니다. 선서께서는 이렇게 말씀하셨습니다. 그리고 다시 스승님께서 말씀하셨습니다.

Sn. 0734.
발생한 괴로움은 어떤 것이든
분별을 인연으로 생긴 것이다.
그러므로 분별이 소멸하면
괴로움은 생기지 않는다.

Sn. 0735.
괴로움은 분별에 의지하고 있다.
이러한 위험을 알아차리고
분별을 가라앉힌 비구는
바라는 것 없이 열반에 든다.

"비구들이여 만약에 '다른 방법으로 올바른 두 가지 관찰을 할 수 있는가?'라는 질문을 받으면, 그대들은 '있다.'라고 말해야 한다오. 그렇다면 어떤 방법인가? '발생한 괴로움은 어떤 것이든 모두가 접촉[觸]에 의지하고 있다.'◆라는 것을 관찰하는 것이 첫 번째 관찰이고, '접촉이 남김없이 사라져서 소멸하면 괴로움은 생기지 않는다.'라는 것을 관찰하는 것이 두 번째 관찰이라오. 비구들이여, 이와 같은 올바른 두 가지 관찰을 하면서 방일하지 않고 열심히 정진하며 살아가는 비구는 두 가지 결실 가운데 하나의 결실을 기대할 수 있다오. 그는 지금 여기에서 구경지를 얻거나, 집착이 남아 있다면 불환과를 얻는다오."

세존께서는 이렇게 말씀하셨습니다. 선서께서는 이렇게 말씀하셨습니다. 그리고 다시 스승님께서 말씀하셨습니다.

Sn. 0736.
접촉에 걸려들어
존재의 거센 강물을 따르는
삿된 길을 가는 자들에게
속박에서 벗어날 길은 멀다.

◆ 'yaṃ kiñci dukkhaṃ sambhoti sabbaṃ phassapaccayā'의 번역.

Sn. 0737.

접촉을 이해하고 잘 알아서
열심히 가라앉히는 사람들은
접촉을 그침으로써
바라는 것 없이 열반에 든다.

"비구들이여 만약에 '다른 방법으로 올바른 두 가지
관찰을 할 수 있는가?'라는 질문을 받으면, 그대들은
'있다.'라고 말해야 한다오. 그렇다면 어떤 방법인가?
'발생한 괴로움은 어떤 것이든 모두가 느낌[受]에 의
지하고 있다.♦'라는 것을 관찰하는 것이 첫 번째 관찰
이고, '느낌이 남김없이 사라져서 소멸하면 괴로움은
생기지 않는다.'라는 것을 관찰하는 것이 두 번째 관
찰이라오. 비구들이여, 이와 같은 올바른 두 가지 관
찰을 하면서 방일하지 않고 열심히 정진하며 살아가
는 비구는 두 가지 결실 가운데 하나의 결실을 기대
할 수 있다오. 그는 지금 여기에서 구경지를 얻거나,
집착이 남아 있다면 불환과를 얻는다오."

♦   'yaṃ kiñci dukkhaṃ sambhoti sabbaṃ vedanāpaccayā'의 번역.

세존께서는 이렇게 말씀하셨습니다. 선서께서는 이렇게 말씀하셨습니다. 그리고 다시 스승님께서 말씀하셨습니다.

Sn. 0738.
즐거움이든 괴로움이든
괴롭지도 즐겁지도 않은 것이든
안으로나 밖으로
느껴진 것은 어떤 것이든

Sn. 0739.
그것은 괴로움이라는 것을 알고
파괴될 수밖에 없는 허망한 법을
느낄 때마다 소멸(消滅)을 보고 탐욕에서 벗어나
느낌이 소멸한 비구는 바라는 것 없이 열반에 든다.

"비구들이여 만약에 '다른 방법으로 올바른 두 가지 관찰을 할 수 있는가?'라는 질문을 받으면, 그대들은 '있다.'라고 말해야 한다오. 그렇다면 어떤 방법인가? '발생한 괴로움은 어떤 것이든 모두가 갈애[愛]에 의지하고 있다.'◆라는 것을 관찰하는 것이 첫 번째 관찰이고, '갈애가 남김없이 사라져서 소멸하면 괴로움은 생기지 않는다.'라는 것을 관찰하는 것이 두 번째 관찰이라오. 비구들이여, 이와 같은 올바른 두 가지 관찰을 하면서 방일하지 않고 열심히 정진하며 살아가는 비구는 두 가지 결실 가운데 하나의 결실을 기대할 수 있다오. 그는 지금 여기에서 구경지를 얻거나, 집착이 남아 있다면 불환과를 얻는다오."

세존께서는 이렇게 말씀하셨습니다. 선서께서는 이렇게 말씀하셨습니다. 그리고 다시 스승님께서 말씀하셨습니다.

Sn. 0740.

갈애를 짝 삼은 사람◆◆
오랜 세월 윤회(輪廻)한다.
이 세상의 존재에서 다른 존재로
떠도는 삶에서 벗어나지 못한다.

◆ 'yaṃ kiñci dukkhaṃ sambhoti sabbaṃ taṇhāpaccayā'의 번역.
◆◆ 'taṇhādutiyo puriso'의 번역.

Sn. 0741.

갈애는 괴로움의 근원이다.
이러한 위험을 알아차리고
갈애를 버리고 집착 없이
비구는 주의집중하고 유행하라!

"비구들이여 만약에 '다른 방법으로 올바른 두 가지
관찰을 할 수 있는가?'라는 질문을 받으면, 그대들은
'있다.'라고 말해야 한다오. 그렇다면 어떤 방법인가?
'발생한 괴로움은 어떤 것이든 모두가 취(取)에 의지
하고 있다.'♦라는 것을 관찰하는 것이 첫 번째 관찰이
고, '취가 남김없이 사라져서 소멸하면 괴로움은 생
기지 않는다.'라는 것을 관찰하는 것이 두 번째 관찰
이라오. 비구들이여, 이와 같은 올바른 두 가지 관찰
을 하면서 방일하지 않고 열심히 정진하며 살아가는
비구는 두 가지 결실 가운데 하나의 결실을 기대할
수 있다오. 그는 지금 여기에서 구경지를 얻거나, 집
착이 남아 있다면 불환과를 얻는다오."

♦ 'yaṃ kiñci dukkhaṃ sambhoti sabbaṃ upādānapaccayā'의 번역.

세존께서는 이렇게 말씀하셨습니다. 선서께서는 이렇게 말씀하셨습니다. 그리고 다시 스승님께서 말씀하셨습니다.

Sn. 0742.
취를 의지하여 존재[有]가 있다.
태어난 존재는 괴로움을 겪는다.
태어나면 죽는다.
이것이 괴로움의 근원이다.

Sn. 0743.
그러므로 취의 소멸을
바르게 아는 현자들은
태어남의 소멸을 체득하고◆
이후의 존재로 가지 않는다.

"비구들이여 만약에 '다른 방법으로 올바른 두 가지 관찰을 할 수 있는가?'라는 질문을 받으면, 그대들은 '있다.'라고 말해야 한다오. 그렇다면 어떤 방법인가?

◆ 'jātikkhayaṃ abhiññāya'의 번역.

'발생한 괴로움은 어떤 것이든 모두가 대상(對象)에 의지하고 있다.'라는 것을 관찰하는 것이 첫 번째 관찰이고, '대상이 남김없이 사라져서 소멸하면 괴로움은 생기지 않는다.'라는 것을 관찰하는 것이 두 번째 관찰이라오. 비구들이여, 이와 같은 올바른 두 가지 관찰을 하면서 방일하지 않고 열심히 정진하며 살아가는 비구는 두 가지 결실 가운데 하나의 결실을 기대할 수 있다오. 그는 지금 여기에서 구경지를 얻거나, 집착이 남아 있다면 불환과를 얻는다오."

세존께서는 이렇게 말씀하셨습니다. 선서께서는 이렇게 말씀하셨습니다. 그리고 다시 스승님께서 말씀하셨습니다.

Sn. 0744.

발생한 괴로움은 어떤 것이든
모두가 대상에 의지하고 있다.
대상이 사라지면
괴로움은 생기지 않는다.

◆　'yaṃ kiñci dukkhaṃ sambhoti sabbaṃ ārambhapaccayā'의 번역. 모든 괴로움은 그 대상이 있다는 의미이다.

Sn. 0745.
괴로움은 대상에 의지하고 있다.
이러한 위험을 알아차리고
일체의 대상을 버림으로써
대상이 없어져서 해탈한 사람에게는

Sn. 0746.
존재에 대한 갈애를 끊고
태어남과 윤회를 벗어난
마음이 고요한 비구에게는
이후의 존재가 없다.

"비구들이여 만약에 '다른 방법으로 올바른 두 가지 관찰을 할 수 있는가?'라는 질문을 받으면, 그대들은 '있다.'라고 말해야 한다오. 그렇다면 어떤 방법인가? '발생한 괴로움은 어떤 것이든 모두가 음식에 의지하고 있다.'♦라는 것을 관찰하는 것이 첫 번째 관찰

♦ 'yaṃ kiñci dukkhaṃ sambhoti sabbaṃ āhārapaccayā'의 번역. 여기에서 이야기하는 음식은 5취온(五取蘊)의 자양분이 되는 네 가지 음식[四食], 즉 단식(摶食), 촉식(觸食), 의사식(意思食), 식식(識食)을 의미한다. 4식(四食)에 대해서는 『맛지마 니까야』 9. 「정견(正見) 경(Sammādiṭṭhi-sutta)」 참조.

이고, '음식이 남김없이 사라져서 소멸하면 괴로움은
생기지 않는다.'라는 것을 관찰하는 것이 두 번째 관
찰이라오. 비구들이여, 이와 같은 올바른 두 가지 관
찰을 하면서 방일하지 않고 열심히 정진하며 살아가
는 비구는 두 가지 결실 가운데 하나의 결실을 기대
할 수 있다오. 그는 지금 여기에서 구경지를 얻거나,
집착이 남아 있다면 불환과를 얻는다오."
세존께서는 이렇게 말씀하셨습니다. 선서께서는 이
렇게 말씀하셨습니다. 그리고 다시 스승님께서 말씀
하셨습니다.

Sn. 0747.
발생한 괴로움은 어떤 것이든
모두가 음식에 의지하고 있다.
음식이 사라지면
괴로움은 생기지 않는다.

Sn. 0748.

괴로움은 음식에 의지하고 있다.
이러한 위험을 알아차리고
일체의 음식을 이해하고
일체의 음식에 의존하지 않는 사람

Sn. 0749.

건강은 번뇌의 소멸에서 온다.
이러한 사실을 바르게 알고
가르침[法]을 확립하고 사려 깊게 행동하는
지혜로운 사람은 말로 표현할 수 없다.♦

"비구들이여 만약에 '다른 방법으로 올바른 두 가지
관찰을 할 수 있는가?'라는 질문을 받으면, 그대들
은 '있다.'라고 말해야 한다오. 그렇다면 어떤 방법인
가? '발생한 괴로움은 어떤 것이든 모두가 동요(動搖)
에 의지하고 있다.'라는 것을 관찰하는 것이 첫 번째
관찰이고, 동요가 남김없이 사라져서 소멸하면 괴로

♦ 'saṃkhaṃ na upeti vedagū'의 번역.

움은 생기지 않는다.'라는 것을 관찰하는 것이 두 번째 관찰이라오. 비구들이여, 이와 같은 올바른 두 가지 관찰을 하면서 방일하지 않고 열심히 정진하며 살아가는 비구는 두 가지 결실 가운데 하나의 결실을 기대할 수 있다오. 그는 지금 여기에서 구경지를 얻거나, 집착이 남아 있다면 불환과를 얻는다오."
세존께서는 이렇게 말씀하셨습니다. 선서께서는 이렇게 말씀하셨습니다. 그리고 다시 스승님께서 말씀하셨습니다.

Sn. 0750.
발생한 괴로움은 어떤 것이든
모두가 동요에 의지하고 있다.
동요가 사라지면
괴로움은 생기지 않는다.

Sn. 0751.

괴로움은 동요에 의지하고 있다.

비구는 이런 위험 알아차리고

동요하지 말고 조작하는 행위[行]를 그치고

흔들림 없이 취하는 것 없이 주의집중하며 유행(遊行)하
라!

"비구들이여 만약에 '다른 방법으로 올바른 두 가지 관
찰을 할 수 있는가?'라는 질문을 받으면, 그대들은 '있
다.'라고 말해야 한다오. 그렇다면 어떤 방법인가? '집착
하기 때문에 동요한다.'라는 것을 관찰하는 것이 첫 번째
관찰이고, '집착하지 않으면 동요하지 않는다.'라는 것을
관찰하는 것이 두 번째 관찰이라오. 비구들이여, 이와
같은 올바른 두 가지 관찰을 하면서 방일하지 않고 열심
히 정진하며 살아가는 비구는 두 가지 결실 가운데 하나
의 결실을 기대할 수 있다오. 그는 지금 여기에서 구경
지를 얻거나, 집착이 남아 있다면 불환과를 얻는다오."
세존께서는 이렇게 말씀하셨습니다. 선서께서는 이렇
게 말씀하셨습니다. 그리고 다시 스승님께서 말씀하셨
습니다.

Sn. 0752.
집착이 없으면 동요하지 않는다.
집착하여 동요하는 사람은
이 세상의 존재에서 다른 존재로
떠도는 삶에서 벗어나지 못한다.

Sn. 0753.
집착 속에 큰 두려움이 있다.
비구는 이런 위험 알아차리고
흔들림 없이 취하는 것 없이
주의집중하며 유행하라!

"비구들이여 만약에 '다른 방법으로 올바른 두 가지
관찰을 할 수 있는가?'라는 질문을 받으면, 그대들은
'있다.'라고 말해야 한다오. 그렇다면 어떤 방법인가?
비구들이여, '색계(色界)보다 무색계(無色界)가 더 고요
하다.'◆ 이것이 첫 번째 관찰이라오. '무색계보다 멸

◆ 'rūpehi bhikkhave ārūpā santatarā'의 번역. 여기에서 'rūpehi'와 'ārūpā'는 각
각 색계(色界)의 4선정(禪定)과 무색계(無色界)의 4무색정(無色定)을 의미한다.

진정(滅盡定)이 더 고요하다.'♦ 이것이 두 번째 관찰이라오. 비구들이여, 이와 같은 올바른 두 가지 관찰을 하면서 방일하지 않고 열심히 정진하며 살아가는 비구는 두 가지 결실 가운데 하나의 결실을 기대할 수 있다오. 그는 지금 여기에서 구경지를 얻거나, 집착이 남아 있다면 불환과를 얻는다오."

세존께서는 이렇게 말씀하셨습니다. 선서께서는 이렇게 말씀하셨습니다. 그리고 다시 스승님께서 말씀하셨습니다.

Sn. 0754.

색계에 속하는 중생들과
무색계에 사는 중생들은
멸진(滅盡)을 통찰하지 못하기 때문에
다시 존재로 돌아온다.♦♦

♦ 'arūpehi nirodho santataro'의 번역. 여기에서 'arūpehi'와 'nirodho'는 각각 무색계의 4무색정과 멸진정(滅盡定)을 의미한다.

♦♦ 'āgantāro punabbhavaṃ'의 번역.

Sn. 0755.

색계를 완전히 이해하고

무색계에 머물지 않고

멸진정에 들어가 해탈한 사람들은

죽음을 벗어난 사람들이다.

"비구들이여 만약에 '다른 방법으로 올바른 두 가지 관찰을 할 수 있는가?'라는 질문을 받으면, 그대들은 '있다.'라고 말해야 한다오. 그렇다면 어떤 방법인가? 비구들이여, 천신(天神)과 마라를 포함한 세간과 사문과 바라문, 왕과 백성을 포함한 사람들이 '이것은 진실하다.'라고 보는 것을 성인(聖人)들은 '이것은 허망하다.'라고 바른 통찰지[般若]로 사실 그대로 잘 본다오. 이것이 첫 번째 관찰이라오. 비구들이여, 천신과 마라를 포함한 세간과 사문과 바라문, 왕과 백성을 포함한 사람들이 '이것은 허망하다.'라고 보는 것을 성인들은 '이것은 진실하다.'라고 바른 통찰지로 사실 그대로 잘 본다오. 이것이 두 번째 관찰이라오. 비구들이여, 이와 같은 올바른 두 가지 관찰을 하면서 방일하지 않고 열심히 정진하며 살아가는 비구는 두 가지 결실 가운데 하나의 결실을 기대할 수 있다오.
그는 지금 여기에서 구경지를 얻거나, 집착이 남아
있다면 불환과를 얻는다오."
세존께서는 이렇게 말씀하셨습니다. 선서께서는 이
렇게 말씀하셨습니다. 그리고 다시 스승님께서 말씀
하셨습니다.

Sn. 0756.
보라! 천신을 포함한 세간(世間)을
자아(自我)가 아닌 것을 자아로 여기고
그들은 이름과 형색[名色]에 빠져서
'이것은 진실하다'고 생각한다.

Sn. 0757.
그들이 그것을 어떻게 생각하든
그것은 그들의 생각과 다르다.
그것은 실로 허망한 것이며
실로 덧없는 거짓된 법이다.

Sn. 0758.

열반(涅槃)은 거짓된 법이 아니다.
그것이 진실임을 아는 성인들은
진실을 철저하게 꿰뚫어보고
바라는 것 없이 열반에 든다.

"비구들이여 만약에 '다른 방법으로 올바른 두 가지
관찰을 할 수 있는가?'라는 질문을 받으면, 그대들은
'있다.'라고 말해야 한다오. 그렇다면 어떤 방법인가?
비구들이여, 천신과 마라를 포함한 세간과 사문과 바
라문, 왕과 백성을 포함한 사람들이 '이것은 즐거움이
다.'라고 보는 것을 성인들은 '이것은 괴로움이다.'라
고 바른 통찰지로 사실 그대로 잘 본다오. 이것이 첫
번째 관찰이라오. 비구들이여, 천신과 마라를 포함한
세간과 사문과 바라문, 왕과 백성을 포함한 사람들이
'이것은 괴로움이다.'라고 보는 것을 성인들은 '이것은
즐거움이다.'라고 바른 통찰지로 사실 그대로 잘 본다
오. 이것이 두 번째 관찰이라오. 비구들이여, 이와 같
은 올바른 두 가지 관찰을 하면서 방일하지 않고 열심
히 정진하며 살아가는 비구는 두 가지 결실 가운데 하

나의 결실을 기대할 수 있다오. 그는 지금 여기에서
구경지를 얻거나, 집착이 남아 있다면 불환과를 얻
는다오."
세존께서는 이렇게 말씀하셨습니다. 선서께서는 이
렇게 말씀하셨습니다. 그리고 다시 스승님께서 말씀
하셨습니다.

Sn. 0759.
전적으로 마음에 들고,
사랑스럽고, 매력적이기까지 한
형색[色] 소리[聲] 냄새[香] 맛[味] 촉감[觸]
그리고 지각대상[法]들이 '있다'고들 말한다.

Sn. 0760.
천신을 포함한 세간(世間)은
이들을 즐거움으로 여긴다.
그리고 이들이 사라지면
그것을 괴로움으로 여긴다.

Sn. 0761.
자신의 존재가 소멸하는 것을♦
성인들은 즐거움으로 여긴다.
이것은 일체의 세간이
보는 것과는 정반대다.

Sn. 0762.
다른 사람들이 즐겁다 한 것을 성인들은 괴롭다 하고
다른 사람들이 괴롭다 한 것을 성인들은 즐거움으로
안다.
알기 어려운 법을 보라!
어리석은 자들은 이 점에서 헷갈린다.

Sn. 0763.
뒤덮인 자에게 어둠이 있다. 눈먼 자는 보지 못한다.
빛이 있으면 볼 수 있듯이 참사람에게는 열려 있다.
법을 알지 못하는 어리석은 사람들은
눈앞에 있어도 알아보지 못한다.

♦   'sakkāyass' uparodhanaṃ'의 번역.

Sn. 0764.

존재에 대한 탐욕에 정복되고
존재의 거센 강물을 따르는
죽음의 영역에 들어간 자들은
이 법을 바르게 깨닫지 못한다.

Sn. 0765.

성인(聖人)들이 아니면 그 누가
이 경지를 깨달을 수 있으리오.
이 경지를 바르게 알아서
번뇌 없는 사람들이 열반에 들어간다.

이것이 세존께서 하신 말씀입니다. 그 비구들은 세
존의 말씀에 만족하고 기뻐했습니다. 이 설명을 하
실 때 60명의 비구들은 집착을 버리고 마음이 번뇌
에서 해탈했습니다.

제 4 장

앗타까 왁가

Aṭṭhaka-vagga

8송품

（八頌品）

해제

제4장 「앗타까 왁가(Aṭṭhaka-vagga)」는 16개의 짤막한 숫따
(經)로 구성되어 있고, 그 속에 200개의 가타(偈)가 들어 있
다. 이 장의 이름 '앗타까(Aṭṭhaka)'는 '여덟 개의'라는 의미
인데, 이 장에 수록된 경들 가운데 제2경에서 제5경까지
네 개의 경 이름에 '앗타까'라는 말이 들어 있기 때문에 붙
여진 이름이다. 이 장의 첫 번째 경은 여섯 개의 가타로 되
어 있고, 이후의 네 개의 경은 여덟 개의 가타로 이루어졌
으며, 이후의 경들은 모두 열 개 이상의 가타로 이루어졌다.

1

까마-숫따
Kāma-sutta

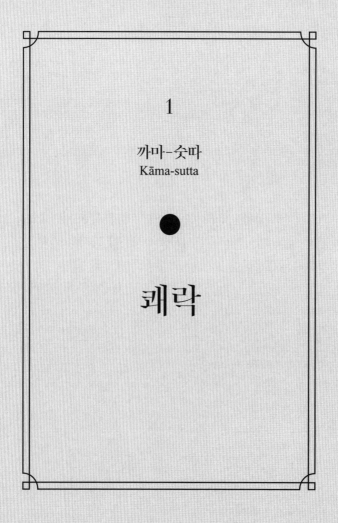

쾌락

해제

여섯 개의 가타(偈)로 이루어진 이 경은 쾌락을 의미하는
경의 제목 '까마(Kāma)'가 시사(示唆)하듯이 감각적 쾌락을
경계하는 내용이다.

Sn. 0766.
쾌락을 원하는 사람은
그것을 성취하면
원하는 것을 얻었다고
참으로 기뻐한다.

Sn. 0767.
쾌락에 대한 욕망이 생긴 사람에게
쾌락이 줄어들면
화살 맞은 사람처럼
괴로워한다.

Sn. 0768.
뱀의 머리를 두 발이 피하듯이
쾌락을 멀리하고
주의집중하는 사람
세간에 대한 애착을 초월한다.

Sn. 0769.
논밭과 집과 황금을 탐내고
소와 말과 하인을 탐내고
부인들과 친척을 탐내고
갖가지 쾌락을 탐내는 사람은

Sn. 0770.
힘없는 사람도 그를
사로잡아 위험에 빠트린다.
그리고 그에게 괴로움이 따른다.
부서진 배에 물이 스며들듯이

Sn. 0771.
그러므로 사람은 주의집중하고
항상 쾌락을 멀리해야 한다.
쾌락들을 버리고 거센 강물을 건너라!
배의 물을 퍼내고 강을 건넌 사람처럼.

2

구핫타까-숫따
Guhaṭṭhaka-sutta

●

동굴에 대한
8송

해제

여덟 개의 가타(偈)로 이루어진 이 경의 제목 '구핫타까 (Guhaṭṭhaka)'는 '동굴'을 의미하는 '구하(guha)'와 '여덟 개의' 를 의미하는 '앗타까(aṭṭhaka)'의 합성어로서 '동굴에 대한 여덟 개의 게송(偈頌)'이라는 뜻이다. 이 경은 무명(無明) 속 에서 쾌락에 탐착하는 중생들을 동굴 속의 중생에 비유하 여 갈애에서 벗어날 것을 가르치고 있다.

Sn. 0772.
중생은 동굴 속에서 온갖 것에 뒤덮여 있다.
그 속에 머물면서 유혹에 빠진 사람
그런 사람 원리(遠離)와는 거리가 멀다.
결코 세간에서 쾌락을 못 버린다.

Sn. 0773.
욕망으로 인해 존재의 즐거움에 얽매인 자들은
해탈하기 어렵고 남에 의해 해탈하지도 못한다.
이전의 쾌락에 대한 욕망을
이전에도 이후에도 갈망하면서.

Sn. 0774.
쾌락에 얼이 빠져 게걸스레 탐착하는
인색한 자들은 그릇된 일에 몰두한다.
그러다가 괴로움이 나타나면 통탄한다.
"이제 죽으면 우리는 어떡하나?"

Sn. 0775.

그러므로 이 세상에서 사람은 배워야 한다.
세간에서 '그릇된 일'이라고 알려진 것은 어떤 것이든
그것 때문에 그릇된 일을 행해서는 안 된다.
현자들은 '인생은 짧다'고 말했다.

Sn. 0776.

내가 보니 인간은 세간에서
존재에 대한 갈애에 사로잡혀 떨고 있다.
이 생(生)과 저 생(生)의 존재에 대한 갈애를 버리지 못
하고
저열한 사람들은 죽음의 입구에서 울부짖는다.

Sn. 0777.

물 마른 강바닥의 물고기처럼
두려움에 떨고 있는 애착하는 자들을 보라!
이것을 보고 존재에 대한 집착을 떠나
가진 것 없이 유행(遊行)하라!

Sn. 0778.
현자는 양극단에 대한 욕망을 버리고♦
접촉[觸]을 이해하여 갈망하지 않고♦♦
자책(自責)할 일을 하지 않으면서
보고 들은 것에 물들지 않는다.

Sn. 0779.
관념[想]을 이해하여 거센 강물을 건너가라!♦♦♦
집착에 물들지 않고 독화살을 뽑고
방일하지 않고 유행하는 성자는
이 세상도 저세상도 바라지 않는다.

♦   중도(中道)의 입장을 갖는다는 의미이다.
♦♦ 'phassaṃ pariññāya anānugiddho'의 번역. 모든 느낌과 갈망이 촉(觸)에서 비
    롯되기 때문에 촉(觸)을 이해함으로써 갈망에서 벗어난다는 의미이다.
♦♦♦ 'saññaṃ pariññā vitareyya oghaṃ'의 번역.

3

두탓타까-숫따
Duṭṭhaṭṭhaka-sutta

●

사악함에 대한 8송

해제

여덟 개의 가타(偈)로 이루어진 이 경의 제목 '두탓타까
(Duṭṭhaṭṭhaka)'는 '부패한, 사악한'을 의미하는 '두타(duṭṭha)'와
'여덟 개의'를 의미하는 '앗타까(aṭṭhaka)'의 합성어로서 '사
악함에 대한 여덟 개의 게송(偈頌)'이라는 뜻이다.

Sn. 0780.

어떤 사람들은 사악한 마음으로 말하고
어떤 사람들은 진실한 마음으로 말한다.
성자(聖者)는 어떤 말에도 영향 받지 않는다.♦
그래서 성자에겐 어디서나 장애 없다.

Sn. 0781.

욕망에 이끌리고 즐거움에 얽매인 자
어떻게 자신의 견해를 넘어설까?
자신이 옳다고 생각한 일 하면서♦♦
자신이 아는 대로 말할 것이다.

Sn. 0782.

묻지도 않았는데 자신의 계(戒)와 덕(德)을
다른 사람에게 말하는 사람
스스로 자신에 대하여 말하는 사람
훌륭한 분들은 그를 천박하다 말한다.

♦ 'vādañ ca jātaṃ muni no upeti'의 번역.
♦♦ 'sayaṃ samattāni pakubbamāno'의 번역.

Sn. 0783.

"나는 이렇다."라고 계행(戒行)에 대해 말하지 않고
어디에서도 세상에 드러나지 않는
주의집중하고 마음이 고요한 비구
훌륭한 분들은 그를 거룩하다 말한다.

Sn. 0784.

누군가 인정하는 교리를 만들어
인정하는 자들의 공경을 받고
자신에게 공덕이 있다고 보는 자
그가 의존하는 고요함은 불안(不安)한 것이다.

Sn. 0785.

집착하는 견해를 극복하기 쉽지 않다.
여러 교리[法]에 대하여 차별하여 얽매이면
그 결과 그 사람은 그것에 의지하여
교리를 무시하거나 수용한다.♦

♦　'nirassati ādiyati ca dhammaṃ' 교리들 가운데서 자신의 견해에 의지하여 취
　사선택한다는 의미.

Sn. 0786.
청정해진 사람에게는 세상 어디에도
이 생(生)과 저 생(生)의 존재에 대한 만들어진 견해가
없다.
거짓과 아만 버린 청정해진 사람이
집착이 없는데 (다음 생에) 어디로 가겠는가?

Sn. 0787.
교리[法]에 집착하면 논쟁에 빠진다.
집착하지 않는 사람 무엇으로 논쟁하리?
그에게는 취한 것도 버린 것도 없다.
그는 모든 견해를 없애버렸다.

4

쑷다타까-숫따
Suddhaṭṭhaka-sutta

●

청정(淸淨)에 대한 8송

해제

여덟 개의 가타(偈)로 이루어진 이 경의 제목 '숫다타까 (Suddhaṭṭhaka)'는 '청정한'을 의미하는 '숫다(suddha)'와 '여덟 개 의'를 의미하는 '아타까(aṭṭhaka)'의 합성어로서 '청정함에 대 한 여덟 개의 게송(偈頌)'이라는 뜻이다.

우리는 많은 것을 보고 배우면 인격이 고상해지고 품성 이 청정해질 것이라고 생각한다. 이 경은 이러한 우리의 상 식이 잘못된 것임을 이야기한다.

"보는 것에 의해서 사람이 청정해지거나
지식(知識)으로 괴로움을 없앨 수 있다면
집착을 가진 사람은 다른 것에 의해 청정해질 것이다.
실로 그렇게 말하는 사람은 사견(邪見)을 가진 자다."

(제789게)

지식은 괴로움을 없앨 수 없고, 집착은 지식에 의해서 없어지지 않는다는 것이다. 이 경에서는 이야기한다.

"죄악(罪惡)의 경계(境界)를 벗어난 바라문은
알거나 보고 나서 취하는 것이 없다.
탐욕에 물들지 않고 이욕(離欲)에 얽매이지 않는다.
이 세상에 그가 취한 지고(至高)한 것은 없다."(제795게)

선악을 분별하고 죄악을 규정하여 선을 취하고 악을 벌하는 것은 청정한 것이 아니다. 어떤 것도 취하지 않고 얽매이지 않는 것이 진정으로 청정한 것이다. 청정은 버림으로써 얻는 것이지 보고 들은 것을 취하여 되는 것이 아니라는 말씀이다.

Sn. 0788.
내가 보니 청정한 사람이 가장 건강하다.
사람은 본 것에 의해서 청정해진다.
이렇게 체험하여 안 것이 최고라고 알고
청정(淸淨)을 보는 사람은 지식(知識)에 의지한다.

Sn. 0789.
보는 것에 의해서 사람이 청정해지거나
지식으로 괴로움을 없앨 수 있다면
집착을 가진 사람은 다른 것에 의해 청정해질 것이다.
실로 그렇게 말하는 사람은 사견(邪見)을 가진 자다.

Sn. 0790.
바라문은 본 것이나 들은 것 계행(戒行)이나 지각된
다른 것에 의해서 청정해진다고 말하지 않는다.
그는 공덕과 악행에 물들지 않고
집착을 버리고 속세(俗世)의 일을 하지 않는다.

Sn. 0791.

앞의 것을 버리고 다음 것을 붙잡는

유혹에 흔들리는 자들은 집착을 벗어나지 못한다.

그들은 잡았다가 놓아버린다.

원숭이가 나뭇가지 잡았다가 놓듯이.

Sn. 0792.

관념[想]에 사로잡혀◆ 금계(禁戒)를 수지(受持)하는 사람은

스스로 높고 낮은 곳으로 간다.◆◆

지혜로 법(法)을 잘 아는 지혜가 빼어난

지자(知者)는 높고 낮은 곳으로 가지 않는다.

Sn. 0793.

어떤 것을 보고 듣고 생각하든지

모든 대상[法]을 적대(敵對)하지 않는다.

이와 같이 열린 마음 실천하는 사람을

세간에서 어떻게 알아볼 수 있을까?

◆ 'saññasatto'의 번역.
◆◆ 'uccāvacaṃ gacchati'의 번역. 계율을 잘 지키면 천상에 가고 어기면 지옥에
　간다는 관념에 사로잡혀 계율을 지키는 사람은 천상과 지옥을 오간다는 의미.

Sn. 0794.

그들은 추측하지 않고 추종하지 않으며◆
'지극히 청정하다.'라고 말하지 않는다.
얽매인 집착의 굴레를 벗고
세간에서 어떤 것도 원하지 않는다.

Sn. 0795.

죄악(罪惡)의 경계(境界)를 벗어난 바라문은
알거나 보고나서 취하는 것이 없다.
탐욕에 물들지 않고 이욕(離欲)에 얽매이지 않는다.
이 세상에 그가 취한 지고(至高)한 것은 없다.

◆ 'na kappayanti na purekkharonti'의 번역. 어떤 것을 청정하다고 추측하거나,
청정하다고 생각하는 것을 추종하지 않는다는 의미.

5

빠라맛타까-숫따
Paramaṭṭhaka-sutta

●

최상(最上)에 대한 8송

해제

여덟 개의 가타(偈)로 이루어진 이 경의 제목 '빠라맛타까
(Paramaṭṭhaka)'는 '최상(最上)'을 의미하는 '빠라마(parama)'와
'여덟 개의'를 의미하는 '아타까(aṭṭhaka)'의 합성어로서 '최
상에 대한 여덟 개의 게송(偈頌)'이라는 뜻이다.

우리는 모든 것에 등급을 매긴다. 이 등급에 의해서 이
세상에는 최상과 최하가 존재한다. 그리고 이 등급은 어
떤 이론에 근거하는 기준에 의해서 이루어진다. 자본주의
에서는 돈이 기준이 되고, 초월적인 신을 믿는 종교에서
는 믿음이 기준이 된다. 이 경에서는 이 모든 것을 결박이
라고 말한다. 그리고 이론을 만들어 차별하지 말라고 가
르친다.

Sn. 0796.
세간에서 어떤 것을 더 높다고 생각한 사람은
그것을 '최상'으로 보는 견해 속에 머물면서
다른 것은 모두 '낮다.'라고 말한다.
그래서 논쟁을 벗어나지 못한다.

Sn. 0797.
본 것이나 들은 것 계행(戒行)이나 인식한 것
이들 중에 자신에게 이익이 되는 것을 보고
거기에서 그것을 (최상으로) 취하기 때문에
그는 다른 모든 것을 낮은 것으로 본다.

Sn. 0798.
어떤 것에 의지하여 다른 것을 낮게 보면
훌륭한 분들은 그것을 결박이라고 말한다.
그러므로 비구는 본 것이나 들은 것
인식한 것이나 계행에 의지하지 말라!

Sn. 0799.
지식이나 계행을 가지고
세간에서 이론(理論)을 만들지 말라!♦
자신과 '동등하다' 말하지 말고
'못났다', '잘났다' 생각하지 말라!

Sn. 0800.
집착을 버리고 취하지 않으면서
지식에 의지하지 않는 사람은
이론 다른 사람들 속에서 무리를 따르지 않고
어떤 이론에도 의지하지 않는다.

Sn. 0801.
이 생(生)이나 저 생(生)에서의 존재에 대하여
양극단에 대하여 갈망이 없는 사람은
법에 대한 취착을 알아냈기 때문에
그에게는 그 어떤 집착도 없다.

♦ 'diṭṭhiṃ pi lokasmiṃ na kappayeyya'의 번역. 일반적으로 '견해'로 번역하는 'diṭṭhiṃ'을 '이론'으로 번역했다.

Sn. 0802.
보거나 배우거나 생각한 것들에 대하여
만들어진 관념이 조금도 없는
이론을 취하지 않는 그런 바라문을
세간에서 어떻게 알아볼 수 있을까?

Sn. 0803.
그들은 추측하지 않고 추종하지 않으며
그들이 취한 교리(敎理)들도 없다.
바라문은 계행으로 알아볼 수 없다.
피안에 간 사람은 이렇게 파악할 수 없다.

6

자라-숫따
Jarā-sutta

●

늙음

해제

열 개의 가타(偈)로 이루어진 이 경의 제목 '자라(Jarā)'는 '늙음'을 의미한다. 이 경은 누구나 결국 늙어 죽는다는 사실을 알고 탐욕을 버리고 살아갈 것을 가르친다.

Sn. 0804.
참으로 인생은 짧은 것이다.
100살이 되기도 전에 죽는다.
100살을 넘겨서 산다고 해도
결국에는 늙어서 죽는다.

Sn. 0805.
애착했기 때문에 애통(哀痛)해 한다.
소유한 것들은 영원하지 않다.
'이것은 나를 떠나 사라지는 것'
이렇게 보고서 속가(俗家)에서 살지 말라!

Sn. 0806.
사람들이 '내 것이다.' 생각하는 것
그것은 죽고 나면 버려지는 것.
현명한 사람은 이와 같이 알고
집착하는 것에 마음 두지 말라!

Sn. 0807.
꿈에서 본 것을
깨어나면 보지 못하듯이
사랑하는 사람도
죽으면 보지 못한다.

Sn. 0808.
사람들이 보이고 들릴 때에는♦
그들에게 이름을 붙여 부른다.
그러다가 죽은 사람이 되면
오로지 이름만 남을 뿐이다.

Sn. 0809.
사랑스런 것을 갈망하는 자들은
슬픔, 비탄, 탐욕을 버리지 않는다.
그렇지만 지고한 행복을 본 성자들은
재산을 버리고 유행(遊行)하였다.

♦　'diṭṭhā sutā pi te janā'의 번역. 사람이 살아 있을 때를 의미함.

506

Sn. 0810.
자신의 존재를 드러내지 않는 것이
홀로 사유하기 좋아하고
홀로 유행하는 비구에게
어울리는 것이라고들 말한다.

Sn. 0811.
성자는 어디에도 머물지 않고
사랑하지 않고 미워하지 않는다.
그래서 그는 나뭇잎 위의 물처럼
비탄과 탐욕에 물들지 않는다.

Sn. 0812.
연잎 위의 물방울처럼
연꽃이 물에 물들지 않듯이
보고 듣고 생각한 것들 속에서
이와 같이 성자는 물들지 않는다.

Sn. 0813.

보고 듣고 생각한 것들 속에서
정화된 사람은 그것에 대하여 사량(思量)하지 않고
다른 것으로 청정을 얻으려고 하지 않는다.
그는 집착하지도 않고 집착에서 벗어나지도 않는다.

7

띳싸 메떼이야-숫따
Tissametteyya-sutta

●

띳싸 메떼이야
존자

해제

열 개의 가타(偈)로 이루어진 이 경은 출가자들에게 음행
(淫行)에 빠지지 말고 열반을 향해 나아갈 것을 가르친다.

Sn. 0814.

띳싸 메떼이야(Tissa Metteyya) 존자가 말하기를,
스승님! 음행(淫行)에 빠진 자의
파멸에 대하여 알려주소서.
당신의 가르침을 듣고서
세속 떠나 사는[遠離] 삶을 배우오리다.

Sn. 0815.

세존께서 말씀하시기를, 메떼이야여!
음행에 빠진 자는
가르침을 망각하고 삿된 길을 간다.
이것이 그에게 있는 상스런 것이다.

Sn. 0816.

어떤 자는 이전에 유행(遊行)하다가
길 벗어난 수레처럼 음행에 빠진다.
그런 자를 세상에서는
천박한 범부라고 말한다.

Sn. 0817.
이전에 그에게 있었던
명예와 명성은 사라진다.
그러므로 이것을 보고
음행 멀리하기를 배워 익혀라!

Sn. 0818.
의도(意圖)에 지배된 사람은♦
굶주린 사람처럼 사유한다.♦♦
다른 사람의 비난을 들으면
이런 식으로 불만을 갖는다.

♦ 'saṃkappehi pareto'의 번역.
♦♦ 'kapaṇo viya jhāyati'의 번역. 굶주린 사람이 먹을 것을 구하듯이 오로지 자신
의 의도를 이루려는 목적으로 사유를 한다는 의미.

Sn. 0819.
그는 다른 사람의 말에
자극을 받아서 칼을 간다.♦
이것은 그에게 큰 욕심이 있기 때문이다.
그래서 그는 거짓말에 빠져든다.

Sn. 0820.
홀로 유행할 때는
현자라고 알려진다.
그렇지만 음행에 빠지면
어리석은 사람처럼 고달프게 된다.

Sn. 0821.
성자는 이러한 위험을 보고
처음부터 끝까지 이 세상에서
흔들림 없이 홀로 유행하나니♦♦
그대들도 음행에 빠지지 말라!

♦ 'atha satthāni kurute paravādehi codito'의 번역. 'satthāni kurute'의 의미는
  '칼들을 만든다'인데, '칼을 간다'로 번역함. 다른 사람의 비난을 받으면 이에
  자극을 받아 악심을 품는다는 의미.
♦♦ 'ekacariyaṃ daḷhaṃ kariyā'의 번역.

Sn. 0822.

세속 떠나 사는 삶을 배우고 익혀라!
이것이 성인(聖人)에게 최상의 삶이다.
원리(遠離)를 익힌다고 최상이라 생각 말라!
그는 열반에 가까이 있을 뿐이다.

Sn. 0823.

쾌락을 바라지 않고
거센 강물을 건넌
욕심 없이 유행하는 성자를
쾌락에 빠진 사람들은 부러워한다.

8

빠쑤라-숫따
Pasūra-sutta

●

빠쑤라

해제

11개의 가타(偈)로 이루어진 이 경은 이론을 앞세워 논쟁하지 말 것을 가르친다.

Sn. 0824.

"이것만이 진실이다."♦라고 말하는 자들은
다른 교리에 대하여 진실하지 않다고 말한다.
자신이 의지하는 것 훌륭하다 주장하며
저마다 각기 달리 진리를 확신한다.

Sn. 0825.

논쟁을 좋아하는 자들은 집회에 가서
서로서로 상대를 무식(無識)하다 여긴다.
찬탄을 바라는 자들은 훌륭하다 일컬어지는
다른 사람에 의지하여 언쟁(言爭)을 벌인다.♦♦

Sn. 0826.

집회에서 토론에 끼어들어
찬탄을 바라면서 패배를 두려워한다.
그러다가 패배하면 불만을 갖고
흠을 잡고 비난하며 화를 낸다.

♦　'idh' eva suddhi'의 번역.
♦♦　'vadenti te aññasitā kathojjaṃ'의 번역. 논쟁을 할 때 자신의 생각에 의지하는
　　것이 아니라 저명한 사람의 생각에 의지한다는 의미.

Sn. 0827.

논거(論據)에 결함이 있기 때문에
패배했다고 심판원(審判員)이 말하면
"나를 이기다니."라고 중얼거리면서
논쟁에 패한 자는 투덜대고 애석해한다.

Sn. 0828.

수행자들 사이에 이런 논쟁 생기면
그 가운데 승자와 패자가 있나니
이것을 보고 언쟁을 멈춰라!
얻는 것은 찬탄 밖에 아무 것도 없다.

Sn. 0829.

집회에서 어떤 주장을 하여
그곳에서 찬탄을 받으면
생각대로 목적을 달성했기에
그로 인해 신이 나고 우쭐해진다.

Sn. 0830.
우쭐함은 파멸의 토양이다.
모든 오만은 파멸의 토양이다.
이것을 보고 논쟁을 하지 말라!
훌륭한 분들은 논쟁을 진실하다 말하지 않는다.

Sn. 0831.
왕의 음식으로 길러진 용사가
포효하며 적을 향해 뛰어들듯이
용사여! 그곳으로 달려가거라!
이전에 투쟁이 없던 곳으로.

Sn. 0832.
이론(理論)을 취하여 논쟁하면서
"이것만이 진리다."라고 주장하는 자들
그들에게 그대는 이렇게 말해야 한다.
"논쟁이 생겨도 논쟁할 사람 없다."

Sn. 0833.
이론에 구애되지 않으면서
적을 만들지 않고 유행하는 사람들
빠쑤라(Pasūra)여, 그들에게 그대는 무엇을 얻겠는가?
그들에게는 최고라고 취한 것이 없다.

Sn. 0834.
만들어진 이론들을 생각하면서♦
그대는 논란(論難)에 빠져 있구나.
정화된 사람과 함께 있지만
그대는 그와 일치할 수 없다.

♦ 'manasā diṭṭhigatāni cintayanto'의 번역.

9

마간디야-숫따
Māgandhiya-sutta

●

마간디야

해제

13개의 가타(偈)로 이루어진 이 경은 불교의 본질에 대하여 이야기한다. 붓다는 어떤 이론과 윤리를 주장하는가를 묻는 마간디야(Māgandhiya)에게 붓다는 자신의 주장은 없다고 대답한다. 이론을 만들어 자기주장을 하는 사람들은 자신의 주장만이 진실이라고 말하면서 서로 다투지만, 사실을 있는 그대로 깨달은 붓다는 누구와도 다투지 않는다는 것이다. 이 경에서 붓다는 자신은 관념을 취하여 이론을 만든 것이 아니라 지혜로써 진실을 깨달았음을 이렇게 노래한다.

"관념[想]에서 벗어난 자 속박이 없다.
지혜로 해탈한 자 혼란이 없다."(제847게)

Sn. 0835.

땅하(Taṇhā)와 아라띠(Arati) 라가(Ragā)를 보고♦
음행(淫行)에 대한 욕망 나에게는 없었다.
오줌 똥 가득 찬 게 무엇이라고!
발로도 그것을 만지지 않으리.

Sn. 0836.

많은 왕들이 원하는 보물인
이런 여인들을 원치 않는 당신은
어떤 이론과 어떤 계행과 생활을 그리고
어떤 존재로 태어나야 한다고 주장합니까?♦♦

♦ 'disvāna Taṇhaṃ Aratiṃ Ragañ ca'의 번역. 'Taṇhā Arati Ragā'는 '갈애(渴愛)와 혐오(嫌惡)와 탐욕(貪慾)을 의미한다. 이들은 또한 죽음의 신 마라(Māra)의 세 딸의 이름이다. 이것은 우리에게 닥치는 죽음은 갈애와 혐오와 탐욕의 결과라는 것을 의미한다.

♦♦ 'diṭṭhigataṃ sīlavatānujīvitaṃ bhavūpapattiñ ca vadesi kīdisaṃ'의 번역. 다음 세상에 어떤 존재로 태어나야 한다고 주장하는가를 묻고 있다.

Sn. 0837.

세존께서 말씀하시기를, 마간디야여!
교리 가운데서 취한 것을 구별하여
"내가 주장하는 것은 이것이다."라고 하는 것이 없다.
(대립하는) 이론들 가운데서 한쪽 측면을 취하지 않고♦
성찰하여 내적 평온을 보았다.

Sn. 0838.

마간디야가 말하기를,
만들어진 것들을 구별하지 않고
취하지 않아야 한다고 성자님은 말씀하셨습니다.
'내적 평온'이라고 하신 이 말의 의미를
현자들은 어떻게 알려주나요?

♦ 'passañ ca diṭṭhīsu anuggahāya'의 번역. 중도(中道)를 벗어나지 않는 의미.

Sn. 0839.

세존께서 말씀하시기를, 마간디야여!
이론이나 학식이나 지식이나
계율과 의식으로 진실을♦ 말하지 말라!
이론이나 학식이나 지식이나 계율과 의식이
없는 것으로도 진실을 말하지 말라!♦♦
이들을 버리고 취하지 말고 의지하지 말고
평온하게 (미래의) 존재를 갈망하지 말라!♦♦♦

Sn. 0840.

마간디야가 말하기를
만약에 이론이나 학식이나 지식이나
계율과 의식으로 진실을 말하지 않고
이론이나 학식이나 지식이나 계율과 의식이
없는 것으로도 진실을 말하지 않는다면
제 생각에 그 가르침은 당혹스럽습니다.
어떤 사람들은 이론을 진실이라고 믿습니다.

♦   'suddhiṃ'의 번역. 'suddhiṃ'은 '청정, 진실'의 의미를 갖는다. 역자는 '진실'의
     의미로 번역했다.
♦♦ 이론이나 지식 등이 없는 것이 진실성이라고 말하지 않는다는 의미.
♦♦♦ 'ete ca nissajja anuggahāya'의 번역. 다음 세상에 어떤 존재가 되기를 갈망하
     지 말라는 의미.

Sn. 0841.
세존께서 말씀하시기를, 마간디야여!
그대는 이론에 의지하여 물으면서
취착 속에서 혼란에 빠졌다.
지금 (내 말 가운데서) 관념[想]을 티끌만큼도 보지 못했다.
그래서 그대는 당황하게 된 것이다.

Sn. 0842.
나와 동등하다 우월하다 열등하다 분별하여
이렇게 생각하는 사람들은 그로 인해 다툰다.
이들 세 가지에 동요하지 않는 사람에게는
'나와 동등하다'는 등의 생각이 없다.

Sn. 0843.
그런 바라문이 어찌 "옳다."라고 주장하리.
그가 무엇 때문에 "틀렸다."라고 논쟁하리.
그에게는 같다거나 다르다는 생각 없다.
그가 무엇 때문에 논쟁 일으키겠는가?

Sn. 0844.
사는 곳을 버리고 집 없이 떠돌며
마을에서 친분을 맺지 않는 성자는
쾌락에서 벗어나 마음 쓰지 않고
사람들을 붙잡고 말다툼 아니한다.

Sn. 0845.
세간에서 홀로 유행하는 용상(龍象)은
그것들을 취하여 논쟁하지 않아야 한다.♦
물이나 진흙에 물들지 않는
물에서 생긴 가시연꽃처럼
이와 같이 평온을 말하는 욕심 없는
성자들은 쾌락과 세간에 물들지 않는다.

♦　'na tāni uggayha vadeyya'의 번역. 관념을 취하여 논쟁하지 말라는 의미.

Sn. 0846.
지혜로운 사람은 이론과 지식에 의해서
교만에 빠지지 않는다. 그는 그런 사람이 아니다.
그의 행위는 (말로) 들어서는 알 수 없다.♦
그는 집착에 빠져들지 않는다.

Sn. 0847.
관념[想]에서 벗어난 자 속박이 없다.
지혜로 해탈한 자 혼란이 없다.
관념과 이론에 사로잡힌 수행자들은
세간에서 부대끼며 유행한다.

♦ 'na kammanā no pi sutena neyyo'의 번역. 지혜로운 사람의 행위는 말로 들어
서 알 수 있는 것이 아니라는 의미.

10

뿌라베다-숫따
Purābheda-sutta

●

죽기 전에

해제

14개의 가타(偈)로 이루어진 이 경의 이름인 '뿌라베다
(Purābheda)'는 '이전에, 앞에'을 의미하는 '뿌라(purā)'와 '파
괴, 분열'을 의미하는 '베다(bheda)'의 합성어다. 여기에서
'베다'는 육신의 파괴를 의미하기 때문에 죽음을 의미한
다. 이 경에서 붓다는 죽기 전에 자기 존재에 대한 갈망을
버리고 평온한 삶을 살도록 가르친다.

Sn. 0848.

어떤 통찰 어떤 계행(戒行) 지닌 사람을
'평온(平穩)한 사람'이라고 말하나요?
고따마님! 저에게 알려주세요.
지고하신 분께 묻습니다.

Sn. 0849.

세존께서 말씀하시기를,
죽기 전에 갈애(渴愛)에서 벗어나
과거의 존재에 의지하지 않고◆
현재에 존재가 생기지 않으며
그에게는 (미래의 존재에 대한) 기대가 없다.

◆ 'pubbam antam anissito'의 번역. 'pubba'는 '앞'을 의미하고 'anta'는 끝을 의
미한다. 문자 그대로의 의미는 '앞의 끝'인데, 이는 현재의 존재를 기준으로 과
거의 존재를 의미한다. 『디가 니까야』의 「범망경」(DN. 1.Brahmajāla Sutta)에 의하면
모든 사견(邪見)은 과거(pubbanta)의 자기존재와 미래(aparanta)의 자기존재에 관한
억측이다. 즉 「범망경」은 전생의 자기존재와 내생의 자기존재에 대한 억측에
서 벗어날 것을 강조하고 있다. 여기에서는 이런 모든 억측이 갈애에서 비롯
된 것이기 때문에 갈애에서 벗어난 사람은 과거의 자기존재에 의지하지 않고,
현재의 자기 존재를 만들지 않으며, 미래의 자기존재를 추구하지 않는다는 것
을 이야기하고 있다.

Sn. 0850.

성내지 않고 두려워하지 않고
으스대지 않고 재치 있게 말하고
오만하지 않은 성자는
진실로 말을 삼간다.

Sn. 0851.

오지 않은 미래에 집착하지 않고
지난 과거를 애석해하지 않고
접촉[觸] 가운데서 원리(遠離)를 보고♦
견해 속에 끌려가지 않는다.♦♦

Sn. 0852.

(세속을) 멀리하고 거짓 없고
욕망 없고 인색하지 않으며
겸손하고 미움받지 않고
중상(中傷)에 관여하지 않는다.

♦ 'vivekadassī phassesu'의 번역. 지각 경험[觸]을 하면서 대상에 대한 탐욕을 멀
  리 한다는 의미.
♦♦ 'diṭṭhīsu ca na niyyati '의 번역. 여기서 말하는 견해는 죽으면 다음 세상에 태
   어난다는 상견(常見)과 죽으면 그만이라는 단견(斷見)이다.

Sn. 0853.
즐거움에 대한 번뇌가 없고
자만(自慢)에 빠지지 않고
온화하고 재치가 있으며
속지 않고 무관심하지 않는다.

Sn. 0854.
이익을 바라고 배우지 않고
이익이 없어도 성내지 않는다.
갈애에서 벗어나
맛을 갈망하지 않는다.

Sn. 0855.
언제나 평정하게 주의집중하고
세간에서 동등하다 여기지 않고
우월하다 열등하다 여기지 않는
그에게는 그 어떤 자만도 없다.

Sn. 0856.

법(法)을 알고 의지하지 않는♦

그에게는 의지하는 것이 없다.

존재[有]나 비존재[非有]에 대한 갈애가♦♦

그에게는 전혀 보이지 않는다.

Sn. 0857.

쾌락에 대한 갈망이 없는 사람을

나는 '평온하다.'라고 말한다.

그에게는 속박이 없다.

그는 집착을 벗어났다.

Sn. 0858.

그에게는 자식도 없고

전답이나 재산도 없다.

취득한 것이 없는 그에게는

취할 것도 없고 버릴 것도 없다.

♦ 'ñatvā dhammaṃ anissito'의 번역. 모든 법은 연기하기 때문에 공(空)이라는 것을 안다는 의미.

♦♦ 'bhavāya abhavāya vā taṇhā'의 번역. 존재에 대한 갈애는 다음 세상에 존재하기를 바라는 갈망이고, 비존재에 대한 갈애는 존재하지 않기를 바라는 갈망이다.

Sn. 0859.

범부(凡夫)들과 사문이나 바라문들이
비난이든 찬탄이든 어떤 말을 해도
그에게는 그 말에 기대하는 것이 없다.
그래서 그 말에 동요하지 않는다.

Sn. 0860.

탐욕에서 벗어나 욕심 없는 성자는
우월한 것에 대해 말하지 않고
동등하거나 열등한 것에 대해 말하지 않는다.
망상(妄想)에서 벗어나 망상에 빠지지 않는다.

Sn. 0861.

그에게는 세간에 자기 것이 없다.
자기 것이 없다고 슬퍼하지 않는다.
지각대상들 속으로 가지 않는다.♦
그가 진실로 평온한 사람이다.

♦ 'dhammesu ca na gacchati'의 번역. 여기에서 'dhamma'는 의(意)의 대상인 법
(法), 즉 마음이 지각하는 대상을 의미한다. 지각대상들 속으로 가지 않는다는
것은 마음이 외부의 지각대상으로 흩어지지 않는다는 것을 의미한다.

11

깔라하위와다-숫따
Kalahavivāda-sutta

●

다툼과
논쟁

해제

16개의 가타(偈)로 이루어진 이 경의 이름인 '깔라하위와다(Kalahavivāda)'는 '불화, 다툼, 투쟁'을 의미하는 '깔라하(kalaha)'와 '논쟁(論爭)'을 의미하는 '위와다(vivāda)'의 합성어다. 붓다는 『맛지마 니까야』의 「꿀덩어리경(Madhupiṇḍika-sutta)」(MN. 18.)에서 자신은 '다투지 않고 사는 법'을 가르친다고 말씀하셨다. 우리가 다투고 논쟁하는 원인은 단순하지 않다. 「꿀덩어리경」에서도 그렇지만, 붓다는 이 경에서 다툼과 논쟁이 일어나는 원인과 과정을 매우 자세하게 이야기하는데, 그 내용은 연기법이다.

Sn. 0862.
수없이 많은 다툼과 논쟁이
슬픔과 비탄이 탐욕과 함께
자만과 교만이 중상(中傷)과 함께
어디에서 나오는지 알려주세요.

Sn. 0863.
사랑에서 다툼과 논쟁이 나오고
슬픔과 비탄이 탐욕과 함께 나오고
자만과 교만이 중상과 함께 나온다.
탐욕에 얽매여 다툼과 논쟁을 하게 되고
논쟁이 생기면 중상을 하게 된다.

Sn. 0864.
세간에 대한 사랑이나 세간에 떠도는
탐욕들은 어떤 인연에서 생기나요?♦
내세에 대하여 인간이 갖게 되는
기대와 목표는 어떤 인연에서 생기나요?

♦ 'piyā su lokasmiṃ kutonidāyā ye vā pi lobhā vicaranti loke'의 번역.

Sn. 0865.

세간에 대한 사랑이나 세간에 떠도는
탐욕들은 욕망을 인연으로 생긴다.
내세에 대하여 인간이 갖는
기대와 목표도 이 인연에서 생긴다.♦

Sn. 0866.

세간에서 욕망은 어떤 인연에서 생기나요?
사문(沙門)들이 진리[法]라고 부르는
수많은 지식과 분노와 거짓말
그리고 의혹은 어떤 인연에서 생기나요?

Sn. 0867.

세간에서 말하는 유쾌(愉快)와 불쾌(不快)
그것에 의지하여 욕망이 일어난다.
형색[色]들 가운데서 '없음과 있음' 보고♦♦
인간은 세간에 대한 판단을 한다.

♦ 'āsā ca niṭṭhā ca itonidānā'의 번역. 내세에 대한 기대와 목표는 욕망을 인연
으로 생긴다는 의미.
♦♦ 'rūpesu disvā vibhavaṃ bhavañ ca'의 번역. 우리는 형색을 통해서 있고 없음
을 판단한다는 말이다.

Sn. 0868.

분노와 거짓말 그리고 의심

이들 법(法)도 둘에 의해 나타난다.♦

의심을 가진 자는 지식을 얻는 방법을 통해 배운다.♦♦

알고 나서 사문들은 '진리[法]'라고 부른다.♦♦♦

Sn. 0869.

유쾌와 불쾌의 인연은 어디에 있나요?

무엇이 없는 곳에 이들이 나타나지 않나요?

그리고 '없음과 있음'의 대상(對象)

그것은 어떤 인연에서 생기는지 알려주세요.

♦　'ete pi dhammā dvaya-m-eva sante'의 번역. 둘은 유쾌(愉快)와 불쾌(不快)를 의
　미함.

♦♦　'kathaṃkathī ñāṇapathāya sikkhe'의 번역. '지식을 얻는 방법'으로 번역한
　'ñāṇapatha'가 구체적으로 무엇을 의미하는지는 알 수 없지만, 'ñāṇa'는 '지식'을
　의미하고 'patha'는 '길'을 의미하기 때문에 '지식을 얻는 방법'으로 번역했다. 인
　도철학에 의하면 지식을 얻는 방법에는 다음과 같은 세 가지가 있다. 1) 현량(現
　量); 지각(知覺) 경험, 2) 비량(比量); 논리적인 추론, 3) 성언량(聖言量); 권위 있는 사
　람의 증언(證言).

♦♦♦　'ñatvā pavuttā samaṇena dhammā'의 번역. 사문들은 자신들이 알아낸 지식을
　'법'이라고 부른다는 의미.

Sn. 0870.

유쾌와 불쾌는 접촉[觸]을 인연으로 생긴다.

접촉이 없는 곳에는 이들이 존재하지 않는다.

그리고 '있음과 없음'의 대상

그것은 이 인연에서 생긴다고 나는 말한다.◆

Sn. 0871.

세간에 있는 접촉은 어디에 인연이 있나요?

수많은 취착(取著)들은 어디에서 생기나요?

무엇이 없으면 자만(自慢)이 없나요?

무엇이 사라지면 접촉이 일어나지 않나요?◆◆

◆ 'etaṃ te pabrūmi itonidānaṃ'의 번역. 있고 없음의 대상이 나타나는 인연은
접촉이라는 의미.

◆◆ 'kismiṃ vibhūte na phusanti phassā '의 번역.

Sn. 0872.

접촉은 이름[名]과 형색[色]을 의지하고 있다.♦

취착은 욕구(欲求)가 원인이다.♦♦

욕구가 없으면 자만이 없다.

형색이 사라지면 접촉이 일어나지 않는다.

Sn. 0873.

어떤 상태가 되어야 형색이 사라지나요?♦♦♦

즐거움이나 괴로움은 어찌해야 사라지나요?

이것은 어찌해야 사라지는지 알려주세요.

"우리는 그것을 알고 싶다." 이것이 저의 마음입니다.

♦   'nāmañ ca rūpañ ca paṭicca phassā'의 번역.
♦♦   'icchānidānāni pariggahāni'의 번역.
♦♦♦   'kathaṃsametassa vibhoti rūpaṃ'의 번역.

Sn. 0874.

개념(槪念)으로 인지(認知)하지 않고 개념 없이 인지하지
않고♦

인지가 없는 것도 아니고 무(無)를 인지하는 것도 아닌♦♦

이런 상태가 되어야 형색이 사라진다.

개념을 인연으로 희론(戱論)과 명칭(名稱)이 생기기

때문이다.♦♦♦

Sn. 0875.

저희들이 물었던 것을 잘 설명해주셨습니다.

다른 것을 묻겠습니다. 그것을 알려주세요.

현자들 가운데 어떤 이들은 이 정도를 인간의 최상의

청정이라 주장하고

다른 이들은 이와는 다른 주장을 하지는 않나요?

♦　'na saññasaññī na visaññasaññī'의 번역.

♦♦　'no pi asaññī na vibhūtasaññī'의 번역.

♦♦♦　'saññanidānā hi papañcasaṃkhā'의 번역. 개념을 인연으로 희론(戱論)과 명칭
　　(名稱)이 생기는 것에 대한 구체적인 내용은 『맛지마 니까야』의 18. 「꿀덩어리경
　　(Madhupiṇḍika‒sutta)」에 있다.

Sn. 0876.

현자들 가운데 어떤 이들은 이 정도를

인간의 최상의 청정이라 주장하고

그들 가운데 어떤 이들은 그 다음 상태인[♦]

무여열반(無餘涅槃)이라는 훌륭한 경지를[♦♦] 주장한다.

Sn. 0877.

그렇지만 이들은 '(개념에) 의존하는 자들'임을 알고[♦♦♦]

알고 나서 성자들은 의지하는 것(개념)들을 성찰하고

알고 나서 (개념에서) 벗어나 논쟁에 끼어들지 않는다.

현자는 있음[有]과 없음[無]으로 인지(認知)하지

않는다. [♦♦♦♦]

♦   'tesaṃ pun' eke samayaṃ'의 번역.

♦♦   'anupādisese kusalā vadānā'의 번역.

♦♦♦   'ete ca ñatvā 'upanissitā' ti'의 번역.

♦♦♦♦   'bhavābhavāya na sameti dhīro'의 번역.

12

쭐라위유하-숫따
Cūḷaviyūha-sutta

●

작은 대답

해제

16개의 가타(偈)로 이루어진 이 경의 이름은 '쭐라위유하 (Cūḷaviyūha)'인데, '쭐라(cūḷa)'는 '작다'는 의미이고, '위유하 (viyūha)'는 의미가 확실하지 않다. 이를 '배열(配列)'이나 '전 열(戰列)'로 번역하기도 하는데, 여기에서는 서로 대면하여 대화한다는 의미의 '대담(對談)'으로 번역했다.

이 경의 주제도 앞의 경과 마찬가지로 논쟁(論爭)이다.

Sn. 0878.

저마다 자신의 견해를 가지고 살아가면서
이런저런 훌륭한 사람들은 다투면서 주장합니다.
'이렇게 아는 사람이 진리[法]를 아는 사람이다.
이것을 비난하면 완전한 지자(知者)가 아니다.'

Sn. 0879.

그들은 이와 같이 다투면서 논쟁합니다.
'다른 사람은 어리석고 훌륭한 사람이 아니다.'
이들은 모두 훌륭한 사람들이라고 하는데
이들 가운데 누구의 말이 진실인가요?

Sn. 0880.

만약에 다른 사람의 교리[法]를 허용하지 않는다면♦
어리석은 금수(禽獸)처럼 지혜가 천박한 자다.
모두가 지혜가 천박한 어리석은 자들이다.
이들에게는 모두 견해가 머물고 있다.

♦ 'parassa ce dhammam anānujānaṃ'의 번역. 'dhamma'는 종교적인 교리를 의미한다.

Sn. 0881.

그렇지만 만약에 실제로 순수하고
지혜가 청정한 지각 있는 훌륭한 사람들이 있고
그들 중에 누구도 지혜를 버리지 않았다면
실로 그들의 견해는 전적으로 진실이다.

Sn. 0882.

어리석은 자들이 서로 다르게 말하는 것에 대하여
'이것이 진실이다.'라고◆ 나는 말하지 않는다.
그들은 저마다 자신의 견해로 진리를 만들었다.
그래서 다른 사람을 '어리석다'고 주장한다.

Sn. 0883.

어떤 사람들이 '진리, 진실'이라고 말하는 것을
다른 사람들은 '빈말, 거짓'이라고 말합니다.
이와 같이 그들은 다투면서 논쟁합니다.
어찌하여 사문들은 일치하는 말을 하지 않나요?

◆ 'etaṃ tathiyan ti'의 번역. 대립하는 주장 가운데 하나를 취하여 그것을 진리라
고 주장하지 않는다는 의미.

Sn. 0884.

진리는 하나일 뿐, 진리에 대하여 아는 사람이
아는 사람과 논쟁할 두 번째 진리는 없다.♦
그런데 그들은 제각기 여러 가지 진리를 부르짖는다.
모르기 때문에 사문들은 일치하는 말을 하지 않는 것
이다.

Sn. 0885.

어찌하여 훌륭하다는 사람들이
논쟁하며 여러 가지 진리를 주장하나요?
진리가 과연 그렇게 갖가지로 많은가요?
아니면 그들이 잘못된 사변(思辨)을 품고 있나요?

♦ 'ekaṃ hi saccaṃ na dutīyam atthi, yasmiṃ pajāno vivade pajānaṃ'의 번역.
진리를 아는 사람들은 견해가 일치하기 때문에 서로 다투지 않는다는 의미이다.

Sn. 0886.
진리는 결코 갖가지로 많은 것이 아니다.
개념[想]에 의한 것들 이외에 세상에 영원한 것들은 없다.
그런데 잘못된 사변이 견해 속에 자리 잡고 있기 때문에
'진실이다, 거짓이다.'라고 모순된 두 법(法)을 말한다.

Sn. 0887.
본 것이나 배운 것이나 계행(戒行)이나 생각한 것들
이들에 의지하여 경멸(輕蔑)을 드러내고
(자신의) 판단을 고집하고 좋아하는 자는
'다른 사람은 어리석고 훌륭한 사람이 아니다.'라고 말
한다.

Sn. 0888.
다른 사람을 '어리석다'고 주장함으로써
자신을 '훌륭하다'고 말하는 것이다.
스스로 자신이 훌륭하다는 말을 듣기 위하여
그런 식의 말로 남을 경멸하는 것이다.

Sn. 0889.

그는 그릇된 견해를 갖추고
자만(自慢)으로 가득 차 있다.
그의 견해는 진실을 갖추었다고
스스로 자신을 완전하다고 생각한다.

Sn. 0890.

만약에 다른 사람에게 천박하다고 말한다면
사실은 자기가 지혜가 천박한 사람이다.
만약에 스스로를 지혜롭다고 하는 자가 현자라면
사문들 가운데 어리석은 자가 아무도 없을 것이다.◆

Sn. 0891.

"이것과 다른 교리를 주장하는 사람은
청정하지 못하며 완전한 지자(知者)가 아니다."
외도(外道)들은 이와 같이 서로 달리 말한다.
그들은 실로 세속적인 욕망에 도취(陶醉)해 있다.

◆ 'na koci bālo samaṇesu atthi'의 번역. 사문들은 모두 자신을 현자라고 생각하
지만 사실은 그렇지 않다는 의미.

Sn. 0892.

'여기에만 진실이 있다.'라고 주장하면서

다른 교리에는 진실성이 없다고 말한다.

자신의 길에서 고집하는 교리를 주장하는

외도들은 이와 같이 서로 달리 말한다.

Sn. 0893.

자신의 길에서 고집하는 교리를 이야기하는 자가

다른 사람을 어떻게 어리석다고 주장할 수 있을까?

다른 사람의 주장을 어리석고 진실하지 않은 교리라

고 하면

그는 실로 스스로 분쟁을 일으킬 것이다.

Sn. 0894.

(자신의) 판단을 고집하여 스스로 평가하면

그는 나중에 세간에서 논쟁에 빠져든다.

일체의 판단을 버린 사람은

세간에서 분쟁을 만들지 않는다.

13

마하위유하-숫따
Mahāviyūha-sutta

●

큰 대답

해제

이 경의 이름 '마하위유하(Mahāviyūha)'의 '마하(mahā)'는 '크다'는 의미이다. 앞의 경 「쭐라위유하(Cūḷaviyūha-sutta)」와 마찬가지로 '위유하(viyūha)'라는 이름을 가진 경인데, 이 경에는 20개의 경이 있다. 이 두 경은 유사한 주제에 대한 대담 형식으로 되어 있기 때문에 '위유하'라는 이름을 갖게 된 것 같으며, 앞의 경은 이 경보다 경의 수가 적기 때문에 '쭐라(cūḷa)'라고 표현하고 이 경은 '마하'라고 표현한 것 같다.

이 경의 주제도 '논쟁'이다. 이렇게 여러 경에서 논쟁을 주제로 삼고 있다는 것은 다툼과 논쟁에 휩쓸리지 않고 진실 속에서 평화롭게 살아가는 것이 불교의 목적이라는 것을 보여주는 것이다.

Sn. 0895.

이들은 누구나 견해를 가지고 살아가면서
'이것만이 진실이다.'라고 논쟁을 합니다.
그들은 모두 비난을 받거나
아니면 그때 칭찬을 받습니다.

Sn. 0896.

그것은 하찮은 것이며 결코 평온이 아니다.♦
나는 그것을 논쟁의 두 가지 결과라고 말한다.♦♦
이것을 보고 논쟁하지 않아야 한다.
논쟁이 없는 땅에서 안온(安穩)을 찾아야 한다.

Sn. 0897.

이것들은 어떤 것이든 범부의 생각임을 알고
그 모든 것에 가까이 가지 않아야 한다.
집착 없는 사람이 어찌 보고 들은 것에 대하여
자제(自制)하지 않고 집착에 빠지겠는가?

♦ 논쟁을 통해서 얻는 결과는 칭찬과 비난인데, 그것은 하찮은 것으로서 어느
   것도 평온을 가져오지 않는다는 의미.
♦♦ 'duve vivādassa phalāni brūmi'의 번역. 논쟁의 두 가지 결과는 칭찬과 비난
   을 의미한다.

Sn. 0898.

계율이 최상이고 자제에 의해 청정해진다고
금계(禁戒)에 따르면서 머무는 자들은 말한다.
'우리는 여기에서 공부하자! 그러면 청정해질 것이다.'
훌륭하다고 하는 자들이 이렇게 존재[有]에 빠져 있다.♦

Sn. 0899.

만약에 계율(戒律) 의식(儀式)을 행할 곳이 없으면
갈마(羯磨)를 행하지 않았다고 걱정한다.♦♦
그는 이제 청정해지기를 갈망하고 염원한다.
집에서 멀리 떠난 버려진 대상(隊商)처럼.♦♦♦

♦ 'bhavūpanītā kusalā vadānā'의 번역.

♦♦ 'sa vedhati kammaṃ virādhayitvā'의 번역. '갈마(羯磨)'로 번역한 'kamma'는
업(業)을 의미하기도 하지만, 여기에서는 수계(受戒)나 참회(懺悔)의 의식을 의미
한다.

♦♦♦ 'satthā va hīno pavasaṃ gharaṃhā'의 번역. 집을 떠나 장사 길에 나선 대상(隊
商)이 무리에서 버려진 것처럼 갈마를 행할 무리를 갈망한다는 의미.

Sn. 0900.

일체의 계율 의식도 버리고
결함이 있든 없든 갈마도 버리고[♦]
'청정하다, 청정하지 않다.'라고 바라지 않고^{♦♦}
취하는 것 없이 삼가면서 고요하게 유행하라!

Sn. 0901.

존재와 비존재에 대한 갈애를^{♦♦♦} 벗어나지 못한 자들은
도덕적 관행에 의지하여 기피한 것이나
보거나 듣거나 생각한 것을
청정해야 한다고 소리 높여 개탄한다.^{♦♦♦♦}

♦ 'kammañ ca sāvajjanavajjam etaṃ'의 번역. 결함이 있을 때 행하는 갈마든, 없을 때 행하는 갈마든, 모든 갈마를 버린다는 의미.

♦♦ 'suddhī asuddhī ti apatthayāno'의 번역. 청정하다고 취하거나 청정하지 않다고 버리려고 하지 않는다는 의미.

♦♦♦ 'avītaṇhāse bhavābhavesu'의 번역. 존재와 비존재에 대한 갈애는 좋아하는 것은 존재하기를 갈망하고 싫어하는 것은 없어지기를 갈망하는 것을 의미한다.

♦♦♦♦ 'uddhaṃsarā suddhim anutthuṇanti'의 번역. 도덕적 관행에 의지하여 세상이 청정하지 못함을 개탄한다는 의미.

Sn. 0902.

원하는 것들을 갈망하기 때문에

(자신이) 만든 것들 속에서 두려움에 떤다.♦

이 세상에 사라지고 나타남이 없는 사람이

무엇을 두려워하고 어디를 원하겠는가?♦♦

Sn. 0903.

어떤 사람들이 '최상'이라고 말하는 교리를

다른 사람들은 '낮다.'라고 말합니다.

이들은 모두 훌륭한 사람들이라고 하는데

이들 가운데 누구의 말이 진실인가요?

Sn. 0904.

자기의 교리는 완전하다고 말하고

다른 사람의 교리는 천박하다고 말한다.

이와 같이 다투면서 논쟁하는 자들은

저마다 자신의 의견을 진실이라고 말한다.

♦ 'saṃvedhitaṃ cāpi pakappitesu'의 번역. 스스로 내세(來世)를 만들고 지옥을
  만들어놓고, 죽어서 지옥에 가지 않을까 두려워한다는 의미.
♦♦ 'sa kena vedheyya kuhiñ ca jappe'의 번역. 죽어서 나쁜 곳에 갈까 두려워하
  지 않고 좋은 곳에 가기를 원하지도 않는다는 의미.

Sn. 0905.

만약에 다른 사람의 매도(罵倒)에 의해 천박해진다면
교리들 가운데서 어느 것도 더 나은 것은 없다.
저마다 자신의 주장을 고집하면서
다른 사람의 교리를 천박하다고 말하기 때문이다.

Sn. 0906.

그들이 자신의 길을 찬탄함으로써
그대로 그 교리가 공경 받게 된다면
그들의 교리는 제 스스로 청정하기 때문에
실로 모든 주장이 진실이 되어야 할 것이다.

Sn. 0907.

바라문은 다른 사람에게 끌려다니지 않고
교리들 가운데서 식별(識別)하여 취하지 않는다.
그래서 논쟁에서 벗어났다
그는 다른 교리를 수승(殊勝)하다고 보지 않는다.

Sn. 0908.

'내가 안다. 내가 보았다. 이것은 사실이다.'라고
어떤 사람들은 이론을 진실이라고 믿는다.
무엇을 보면 스스로 그것으로 한계를 넘어
(본 것과는) 다르게 진실을 주장한다.

Sn. 0909.

보는 사람은 이름과 형색[名色]을 본다.♦
그것들을 보면서 다른 것이 있다고 보거나
많고 적은 욕망의 대상으로 본다.
훌륭한 사람들은 그것으로 진실을 말하지 않는다.

Sn. 0910.

독단론자(獨斷論者)는 결코 진실을 따르지 않는다.
자신이 만든 이론을 존중한다.
거기에서 말하는 훌륭한 것은 자신이 의지하는 것이다.
그가 본 것이 바로 거기에서는 진실한 말이다.

♦　'passaṃ naro dakkhiti nāmarūpaṃ'의 번역.

Sn. 0911.

바라문은 명칭을 붙일 수 없다.♦

이론가(理論家)♦♦도 아니고 지식인(知識人)♦♦♦도 아니다.

다른 사람들이 배우는 범부들의 생각을

그는 알지만 관심두지 않는다.

Sn. 0912.

세간에서 모든 속박 벗어던진 성자는

논쟁이 생겼을 때 끼어들지 않는다.

소란 속에서 고요하고 평정(平靜)하며

다른 사람들은 관심 두지만 관심이 없다.

Sn. 0913.

이전의 번뇌는 끊어버리고 새로 만들지 않는다.

욕망을 따르지 않고 독단을 주장하지 않는다.

현자는 이론(理論) 가운데서 빠져나온다.

세간에서 물들지 않고 자책(自責)하지 않는다.

♦   'na brāhmaṇo kappaṃ upeti saṃkhaṃ'의 번역.
♦♦ 'diṭṭhisārī'의 번역. 원뜻은 '견해를 추종하는 자'인데, '이론가(理論家)'로 번역함.
♦♦♦ 'ñāṇabandhu'의 번역. 원뜻은 '지식의 친구'인데 '지식인(知識人)'으로 번역함.

Sn. 0914.

성자는 어떤 것을 보고 듣고 생각하든지
모든 대상[法]을 적대하지 않으며
짐을 내려놓고 속박에서 벗어나
망상 없고 거침없고 갈망하는 것이 없다.
이렇게 세존께서 말씀하셨네.

14

뚜와따까-숫따
Tuvaṭaka-sutta

●

신속하게

해제

이 경의 이름 '뚜와따까(Tuvaṭaka)'는 '신속하다'는 의미이다.
이 경에서는 수행자가 신속하게 번뇌의 불길을 끌 수 있
는 방법을 가르친다.

Sn. 0915.
태양족의 후예(後裔)이신 대선인(大仙人)께
원리(遠離)와 적정(寂靜)의 경지를♦ 묻습니다.
어떻게 보아야 비구는 세간에서 어떤 것도
집착하지 않고 번뇌의 불길을 끌 수 있나요?

Sn. 0916.
세존께서 말씀하시기를,
'내가 있다.'라는 희론(戲論)과 명칭(名稱)의 뿌리를♦♦
현자는 모두 없애야 한다.
자신의 안에 있는 갈애(渴愛)는 어떤 것이든
그들을 없애기 위하여 항상 주의하여 공부해야 한다!

Sn. 0917.
안에 있는 현상이든 밖에 있는 현상이든
어떤 현상[法]이든 직접 체험해야 한다.
그러나 체험한 것을 고집해선 안 된다.
참사람은 그것을 적멸(寂滅)이라고 말하지 않는다.

♦   'vivekaṃ santipadañ ca'의 번역.
♦♦ 'mūlaṃ papañcasaṃkhāyā'의 번역.

Sn. 0918.
그것으로 '우월하다' 생각해도 안 되고
'열등하다', '동등하다' 생각해도 안 된다.
갖가지 형태로 질문을 받을 때
자신을 꾸며서 내세우지 말라!

Sn. 0919.
비구는 실로 안으로 고요해야 하고
다른 곳에서 적정을 찾아서는 안 된다.
안으로 고요하면 자아라는 생각이 없다.
그런데 어디에 자아가 아니라는 생각이 있겠는가?

Sn. 0920.
바닷물 가운데는 파도가 일지 않듯이
그렇게 고요하게 머물러야 한다.
이와 같이 머물면서 욕심이 없어야 한다.
비구는 어디에서도 풍파(風波)를 만들지 말라!

Sn. 0921.

눈뜨신 분께서는 자신이 증득(證得)하신

위험 없애는 법(法)을 설명하셨습니다.

이제는 훌륭한 실천의 길과

계율(戒律)이나 삼매(三昧)를 설해주소서!

Sn. 0922.

눈으로 볼 때 탐욕이 있으면 안 된다.

속세(俗世)의 이야기에 귀를 막아라!

맛을 탐하면 안 된다.

세간에서 어떤 것도 애착하지 말라!

Sn. 0923.

접촉[觸]을 통해 접촉된 것이 있을 때

비구는 어떤 경우에도 슬퍼하면 안 된다.

그리고 (자기의) 존재를 위해서도 안 되며

두려움 속에서 떨어서도 안 된다.

Sn. 0924.

먹고 마실 음식과 옷을
얻어서 쌓아두면 안 된다.
그것들을 얻지 못한다고
걱정해서도 안 된다.

Sn. 0925.

선정(禪定) 수행자는 탐욕스러우면 안 된다.
악행을 그치고 방일하면 안 된다.
비구는 앉을 자리와 누울 자리가
조용한 곳에서 지내야 한다.

Sn. 0926.

잠을 많이 자면 안 된다.
열심히 깨어 있음에 전념해야 한다.
나태(懶怠) 마술(魔術) 농담(弄談) 놀이 음행(淫行)
그리고 거기에 쓰이는 물건을 내버려야 한다.

Sn. 0927.

주술(呪術)이나 해몽(解夢)이나 관상(觀相)

점성술이나 예언이나 회임술(懷妊術)

이런 술수(術數)를 부려서는 안 되며

의료행위를 사업으로 하면 안 된다.

Sn. 0928.

비구는 비난에 흔들리지 않고

칭찬에 들뜨지 않아야 한다.

인색(吝嗇)을 수반하는 탐욕과

분노와 중상(中傷)을 떨쳐야 한다.

Sn. 0929.

비구는 사고파는 곳에 머물면 안 되며

어디에서든 모욕적인 말을 하면 안 된다.

마을에서 악담을 해서는 안 되며

얻기를 바라고 사람에게 말을 걸면 안 된다.

Sn. 0930.
비구는 허풍쟁이가 되면 안 되며
아무 말이나 함부로 하면 안 된다.
무례한 행동을 익혀서는 안 되며
다툼을 일으키는 말을 하면 안 된다.

Sn. 0931.
거짓말을 하면 안 된다.
고의로 기만적인 행동을 하면 안 된다.
직업이나 지혜나 계행으로
다른 사람을 멸시하면 안 된다.

Sn. 0932.
사문들이나 말 많은 사람들에게
많은 말을 듣고 불쾌할지라도
거칠게 대꾸하면 안 된다.
참사람은 결코 응수(應酬)하지 않는다.

Sn. 0933.

비구는 이 가르침을 알고

항상 잘 살펴서 집중하여 익혀야 한다.

적정이란 적멸임을 알고

고따마(Gotama)의 가르침 가운데서 방일하지 말라!

Sn. 0934.

그는 실로 패한 적이 없는 승리자다.

전해 듣지 않고 스스로 본 법(法)을 말했다.

그러므로 그 세존의 가르침 속에서

항상 부지런히 공경하면서 배워야 한다.

이렇게 세존께서 말씀하셨네.

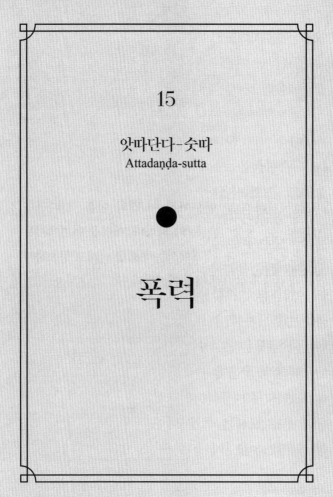

15

앗따단다-숫따
Attadaṇḍa-sutta

●

폭력

해제

20개의 가타(偈)로 이루어진 이 경의 이름 '앗따단다 (Attadaṇḍa)'는 '몽둥이를 든'의 의미다. 이것을 여기에서는 폭력으로 번역했다. 이 경에서는 폭력을 버리고 동요하지 않고 평안하게 살아갈 것을 가르친다.

Sn. 0935.

싸우는 사람을 보라!

두려움은 폭력에서 생긴다.♦

내가 본 공포를

본 대로 설명하리라.

Sn. 0936.

서로서로 반목하면서

말라가는 물속의 물고기처럼

무서워서 떨고 있는 인간을 보고

나는 두려움에 빠져들었다.

Sn. 0937.

세간은 모두 공허(空虛)하다.

사방(四方)은 모두 사람이 가득 차 있다.

내가 살 곳을 원했을 때

사람이 살지 않는 곳을 보지 못했다.♦♦

♦ 'attadaṇḍā bhayaṃ jātaṃ'의 번역. '폭력'으로 번역한 'attadaṇḍa'의 원뜻은 '몽
둥이를 든'이다.

♦♦ 'nāddasāsiṃ anositaṃ'의 번역. 이 세상은 텅 빈 공간인데, 그 속에 사람이 가
득 차 살고 있다는 의미.

Sn. 0938.
(사람들이) 결국에 반목하는 것을 보고
나는 언짢았다.
여기에서 나는 가슴에 숨겨진
보이지 않는 화살을 보았다.

Sn. 0939.
화살에 맞은 자는
사방으로 헤매고 있다.
그 화살만 뽑으면
떠돌지 않고 안주(安住)한다.

Sn. 0940.
거기에서 암송해야 할 학계(學戒)가 있다.
세간에 대한 여러 가지 탐욕들
그것들에 대하여 관심 두지 말라!
어떤 경우에도 감각적 욕망을 꿰뚫어 보고
자신의 열반을 위해 공부하라!

Sn. 0941.
성자는 진실하고 겸손하고
솔직하고 중상하지 않고
친절해야 하고 사악한 이기심과
탐욕을 극복해야 한다.

Sn. 0942.
열반을 원하는 사람은
수면과 나태를 이겨내야 한다.
게으르게 살아서는 안 되며
교만에 빠져서도 안 된다.

Sn. 0943.
거짓말을 하지 말라!
형색에 애착을 가지지 말라!
아만(我慢)을 잘 알아라!
폭력을 삼가고 유행하라!

Sn. 0944.

지난 것들에 미련 두지 말고
새로운 것들을 용인(容認)하지 말라!♦
버려진 것들을 애석해하지 말라!♦♦
공연(空然)한 것을 붙잡지 말라!

Sn. 0945.

나는 탐욕을 거센 강물이라고
집착을 소용돌이라고 말한다.
탐욕과 집착이 관심을 갖는 대상은
빠져나오기 어려운 진흙탕 같은 쾌락이다.

Sn. 0946.

성자는 진실을 벗어나지 않는다.
바라문은 안전한 땅에 머문다.
모든 것을 버린 그를
참사람이라고 한다.

♦ 'nave khantiṃ na kubbaye'의 번역. 새롭게 일어나는 욕망을 용인하지 말라는
의미.
♦♦ 이루지 못한 욕망을 애석해하지 말라는 의미.

Sn. 0947.

지혜로운 사람은 그것을 보고
알기 때문에 법(法)에 집착하지 않는다.
그는 세간에서 바르게 처신(處身)하며
이 세상 어떤 것도 바라지 않는다.

Sn. 0948.

세간에서 벗어나기 어려운
쾌락의 결박을 벗어난 사람은
흐름을 끊고 속박에서 벗어나
슬퍼하지 않고 걱정하지 않는다.

Sn. 0949.

이전의 것은 모두 없애버리고
이후의 것은 어떤 것도 생기지 않게 하고
중간의 것을 붙잡지 않으면
고요하게 유행하게 된다.

Sn. 0950.
이름과 형색[名色]에 대하여
어떤 경우에도 애착이 없으면
없어도 슬퍼하지 않으며
세간에서 잃을 것이 없다.

Sn. 0951.
어떤 것을 '이것은 나의 것이다.'
'이것은 남의 것이다.'라고 생각하지 않으면
내 것을 알지 못하기 때문에
'내 것이 없다'고 슬퍼하지 않는다.

Sn. 0952.
동요하지 않는 것에 대해 물으면
잔인하지 않고 갈망하지 않고,
어떤 경우에도 동요하지 않고
고요한 것을 나는 훌륭하다고 말한다.

Sn. 0953.
동요하지 않을 줄 아는 사람은
어떤 것에도 영향받지 않는다.
그는 자제하면서 노력하고
어디에서나 안온을 본다.

Sn. 0954.
성자는 동등한 자나 열등한 자나
우월한 자에 대해 말하지 않는다.
시샘할 줄 모르는 참사람은
선망(羨望)하거나 무시(無視)하지 않는다.
이렇게 세존께서 말씀하셨네.

16

싸리뿟따-숫따
Sāriputta-sutta

●

싸리뿟따
존자

해제

21개의 가타(偈)로 이루어진 이 경은 붓다가 싸리뿟따 (Sāriputta) 존자에게 준 가르침이다. 이 경에서 붓다는 수행자의 마음가짐과 태도를 세세하게 이야기한다.

Sn. 0955.
싸리뿟다 존자가 말하기를,
지금까지 저는 보지 못했습니다.
누구에게 듣지도 못했습니다.
이와 같이 미묘한 설법하시는
도솔천에서 인도자(引導者)로 오신 스승님

Sn. 0956.
천신을 포함한 세간의
눈 있는 자 보는 것처럼
홀로 어둠을 제거하시고
(열반의) 즐거움을 성취하셨습니다.

Sn. 0957.
이렇게 집착 없고 거짓이 없는
인도자로 오신 붓다님께
속박된 많은 사람들을 위하여
질문을 가지고 왔습니다.

Sn. 0958.

비구들은 (번거로움을) 싫어하고
나무 밑이나 묘지나
산속의 동굴 같은
한적한 곳을 좋아합니다.

Sn. 0959.

갖가지 잠자리 가운데는
얼마나 두려움이 많겠습니까?
비구는 조용한 잠자리에서
어찌해야 두렵지 않을까요?

Sn. 0960.

비구가 불사(不死)의 세계로 가면서
지나가야 할 길에 있는
잠자리에는 얼마나
많은 위험이 있을까요?

Sn. 0961.

말하는 법은 어떠해야 하고
다니는 곳은 어떠해야 할까요?
비구가 열중해야 할
계행은 어떤 것들이 있을까요?

Sn. 0962.

전념(專念)하여 지혜롭게 주의집중하는
수행자는 어떤 학계(學戒)를 따라야
세공사(細工師)가 은(銀)을 정련(精鍊)하듯이
자신의 더러움을 씻어낼 수 있을까요?

Sn. 0963.

세존께서 말씀하시기를, 싸리뿟따여!
만약에 여법하게 바른 깨달음을 구하여
안락한 것을 싫어하고
한적한 자리를 좋아한다면
내가 아는 대로 그대에게 말하리라.

Sn. 0964.

주의집중하고 자제하는 현명한 비구는
다섯 가지 무서운 것을 두려워하지 않아야 한다.
그것은 등에 나방 뱀 마주치는 사람
그리고 네 발 달린 짐승이다.

Sn. 0965.

그들에게 많은 두려움이 있음을 보고
다른 가르침을 따르는 자들을 겁내지 말라!
그리고 선(善)을 구하는 사람은
근심을 극복해야 한다.

Sn. 0966.

질병이나 굶주림을 겪더라도 견디고
혹한과 무더위를 이겨내야 한다.
집 없는 사람은 이런 일을 수없이 겪나니
굳건하고 용맹하게 정진해야 한다.

Sn. 0967.

도둑질하지 말고 거짓말하지 말라!
동물이든 식물이든 자애롭게 대하라!
마음의 혼란을 '악마의 일당(一黨)'이라
알아차리고 쫓아버려라!

Sn. 0968.

분노와 자만에 지배되지 말라!
그것의 뿌리를 뽑아버려라!
유쾌한 생각이든 불쾌한 생각이든
생기는 대로 다 내버려라!

Sn. 0969.

지혜를 따르면서 선행(善行)을 좋아하고
근심 걱정을 버려야 한다.
불만을 내려놓고 인적 없는 잠자리에서
네 가지 걱정을 내려놓아야 한다.

Sn. 0970.
무엇을 먹을까? 어디에서 먹을까?
불편하게 잤다. 오늘은 어디에서 잘까?
이렇게 생각하며 하는 걱정을
집 없는 학인(學人)은 내려놓아야 한다.

Sn. 0971.
음식과 옷은 적절한 때에 얻고
얻은 것이 적어도 만족할 줄 알아야 한다.
마을에서는 귀를 막고 자제하고
불쾌해도 거친 말을 하지 않아야 한다.

Sn. 0972.
눈을 내려뜨고 똑바로 걸어가라!
선정에 전념하여 항상 깨어 있으라!
평정심을 일으키고 마음을 한곳에 모아
의심의 여지와 근심을 없애라!

Sn. 0973.

주의집중하는 수행자는 책망의 말에 기뻐하고
도반(道伴)에 대한 거친 생각을 버려야 한다.
말을 삼가고 좋은 말도 장황하게 하면 안 된다.
사람들이 말하는 것에 마음 두면 안 된다.

Sn. 0974.

세간에는 다섯 가지 객진(客塵) 번뇌가 있다.
주의집중하여 그것들을 없애는 공부를 하라!
형색[色]과 소리[聲]와 맛[味]과 향기[香]
그리고 촉감[觸]에 대한 탐욕을 버려라!

Sn. 0975.

비구는 주의집중하여 해탈한 마음으로
이들 법(法)에 대한 욕망을 버려야 한다.
바른 가르침을 수시(隨時)로 사유하고
마음을 하나로 모아 어둠을 제거하라!
이렇게 세존께서 말씀하셨네.

제 5 장

빠라야나 왁가

Pārāyana-vagga

피안(彼岸)으로
가는 길

해제

제5장 「빠라야나 왁가(Pārāyana-vagga)」는 18개의 숫따(經)로
구성되어 있고, 그 속에는 144개의 가타(偈)가 들어 있다.
경의 이름 '빠라야나(Pārāyana)'는 '피안(彼岸)'을 의미하는
'빠라(pārā)'와 '간다'는 의미의 '야나(yana)'의 합성어다. 이
것을 '피안으로 가는 길'로 번역했다.

이 장은 『숫따니빠따』의 마지막 장으로서 결론에 해당
한다. 55개의 가타(偈)로 이루어진 서시(序詩)로 시작되는
이 경은 바와리(Bāvarī)라는 바라문의 제자들이 붓다를 찾
아가서 묻고 가르침을 받는 형식으로 되어 있다. 서시에
서 시작된 이 경은 16명의 제자들의 질문에 붓다가 답하
는 형식으로 16개의 경이 이어지고, 마지막에 「빠라야나
(Pārāyana, 피안으로 가는 길)」로 끝을 맺는다. 이 장의 경들은 설
명할 내용이 없으므로 각 경의 해제는 생략한다.

1

왓투가타
Vatthugātha

●

서시
(序詩)

Sn. 0976.

무소유(無所有)의 삶을 원하는
베다에 통달한 바라문이
꼬쌀라(Kosala)의 아름다운 도시에서
닥키나빠타(Dakkhiṇāpatha)에 왔다네.

Sn. 0977.

그는 앗싸까(Assaka)와 알라까(Aḷaka) 접경(接境)의
고다와리(Godhāvarī) 강변에서
이삭을 줍고 열매를 따서
그것으로 살아갔다네.

Sn. 0978.

그 근처에는
큰 마을이 있었다네.
그곳에서 생긴 소득으로
그는 큰 제사를 지냈다네.

Sn. 0979.
큰 제사를 지낸 후에
아쉬람으로 돌아왔다네.
그곳에 다시 들어갔을 때
어떤 바라문이 왔다네.

Sn. 0980.
발은 부르트고 목은 마르고
이는 더럽고 머리에 먼지를 뒤집어쓴
그가 그에게 와서
500냥을 구걸했다네.

Sn. 0981.
바와리(Bāvarī)는 그를 보고
자리를 권했다네.
안녕과 건강을 묻고
이렇게 말했다네.

Sn. 0982.
내가 가진 것은
모두 나누어 주었다오.
바라문이여! 양해(諒解)해주시오!
나에게는 500냥이 없다오.

Sn. 0983.
만약 내가 구걸하는 것을
내게 주지 않으면
일곱 번째 날에 그대의 머리는
일곱 조각으로 쪼개질 것이다.

Sn. 0984.
사기꾼은 겁을 주며
선언했다네.
바와리는 그 말 듣고
몹시 괴로웠다네.

Sn. 0985.
근심의 화살을 맞은 그는
음식을 먹지 못해 야위어 갔다네.
이런 마음인지라 그의 마음은
선정(禪定)을 즐길 수가 없었다네.

Sn. 0986.
걱정하고 괴로워하는 것을
이로움을 주는 여신(女神)이 보고
바와리를 찾아와서
이렇게 말했다네.

Sn. 0987.
그는 머리를 알지 못하는
재물을 탐내는 사기꾼이오.
그에게는 머리에 대한 지식도
머리를 쪼개는 지식도 없다오.

Sn. 0988.
그렇다면 존자는 아시나요?
청컨대 저에게 알려주세요.
머리와 머리 쪼개는 것
그 말을 당신에게 듣고 싶군요.

Sn. 0989.
나도 그것을 알지 못하오.
그에 대한 지식이 내겐 없다오.
머리와 머리 쪼개는 것
그것은 승리자가 볼 뿐이라오.

Sn. 0990.
그렇다면 이 둥근 땅 위에서
머리와 머리 쪼개는 것
그것을 누가 알고 있나요?
여신이여! 저에게 알려주세요.

Sn. 0991.

예전에 까삘라왓투에서
출가한 세간의 인도자가 계셨다오.
그분은 옥까까(Okkāka) 왕의 자손이며
빛을 비추는 싸끼야족의 아들이라오.

Sn. 0992.

바라문이여! 그분은 바르게 깨달은 분이며
일체의 법을 초월하고 일체의 신통력을 성취한 분이며
일체의 법에 대한 눈을 뜨신 분이며
일체의 법을 소멸하고 집착을 끊어 해탈한 분이라오.

Sn. 0993.

눈을 뜨신 그분 붓다 세존은
세간에서 법(法)을 가르친다오.
그대는 그분을 찾아가서 물으시오.
그분이 그것을 설명해줄 것이오.

Sn. 0994.

'바르게 깨달은 분'이란 말을 듣고
바와리는 어쩔 줄을 몰랐다네.
슬픔은 눈 녹듯 사라지고
커다란 기쁨을 얻었다네.

Sn. 0995.

바와리는 기뻐서 어쩔 줄을 몰랐다네.
그는 열광하며 여신에게 물었다네.
어느 마을 어느 도시 어느 나라에
세간을 구제하는 구세주가 계신가요?
그곳에 가서 최상의 인간이신
바르게 깨친 분께 예배하고 싶군요.

Sn. 0996.

광대한 지혜와 뛰어난 지식 가진
현명한 승리자는 꼬살라 국의 싸왓티에 계신다오.
번뇌가 없고 비할 바가 없는 싸끼야족의 아들
그분은 머리 쪼개는 것 아는 인간 황소라오.

Sn. 0997.
그래서 그는 베다에 통달한
제자 바라문들에게 말했다네.
젊은이들아! 이제부터
내가 하는 말을 들어보아라!

Sn. 0998.
언제나 세간에 출현하기 어려운
정각(正覺) 이룬 분이라고 널리 알려진
최상의 인간이 세간에 오셨으니
싸왓티에 빨리 가서 뵙도록 하라!

Sn. 0999.
그렇다면, 바라문이여! 우리가 보고
'붓다'인 줄 어떻게 알 수 있나요?
우리는 모르오니 우리들에게
알 수 있는 방법을 알려주세요!

Sn. 1000.
전승(傳承)되고 있는 베다에는
위대한 인물의 32가지
상호(相好)가 빠짐없이
차례대로 잘 설명되어 있다.

Sn. 1001.
위대한 인물의 상호를
구족한 사람에게는
두 가지 운명(運命)만 있을 뿐
세 번째는 없다.

Sn. 1002.
만약에 집에서 생활하면
이 대지(大地)를 정복하여
몽둥이나 칼을 사용하지 않고,
법(法)으로 다스린다.

Sn. 1003.
만약에 집을 버리고 출가하면
어둠의 장막을 걷어버린
위없는 아라한
등정각(等正覺)이 된다.

Sn. 1004.
태생과 가문, 몸의 특징, 베다, 제자
그리고 이에 더하여 머리와
머리 쪼개는 것에 대하여
그대들은 마음으로 질문을 하라!

Sn. 1005.
장애 없이 보시는
깨달은 분이라면
마음으로 물은 질문에
답변의 말씀을 하실 것이다.

Sn. 1006.

바와리의 말을 듣고
16명의 제자 바라문들
아지따(Ajita)와 띳싸멧떼야(Tissametteyya)
뿐나까(Puṇṇaka) 그리고 멧따구(Mettagū)

Sn. 1007.

도따까(Dhotaka)와 우빠씨와(Upasīva)
난다(Nanda)와 헤마까(Hemaka)
또데야(Todeyya)와 깝빠(Kappā) 두 사람
그리고 박식한 자뚜깐니(Jatukaṇṇī)

Sn. 1008.

바드라우다(Bhadrāvudha)와 우다야(Udaya)
그리고 뽀쌀라(Posāla) 바라문과
총명한 모가라자(Mogharājā)와
삥기야(Piṅgiya) 대선인(大仙人)

Sn. 1009.
세간에 널리 알려진 이들은
모두가 저마다 많은 제자 거느린
선정을 좋아하는 현명한 선정 수행자로서
지난 삶의 향기가 배어 나왔다네.

Sn. 1010.
결발하고 사슴 가죽옷을 입은 그들은
모두 바와리에게 인사를 하고
그를 오른쪽으로 돈 후에
북쪽으로 길을 떠났다네.

Sn. 1011.
먼저 알라까의 빠띠타나(Patiṭṭhāna)로
그 다음에 마힛싸띠(Māhissatī)로
그리고 우제니(Ujjenī)와 고낫다(Gonaddha)
웨디싸(Vedisa) 와나싸우하야(Vanasavhaya)

Sn. 1012.

그리고 꼬쌈비(Kosambī)와 싸께따(Sāketa)

수도(首都) 싸왓티(Sāvatthī)와 쎄따위야(Setavya)

까삘라왓뚜와 꾸씨나라(Kusināra)의 궁전

Sn. 1013.

빠와(Pāva)와 보가나가라(Bhoganagara)를 거쳐서

마가다의 도시 웨쌀리(Vesālī)에 있는

아름답고 사랑스런 빠싸나까(Pāsāṇaka)

탑묘(塔廟)에 이르렀다네.

Sn. 1014.

목마른 자가 시원한 물을 찾듯

장사꾼이 큰 이익을 찾듯

더위에 지친 자가 그늘을 찾듯

그들은 서둘러서 산에 올라갔다네.

Sn. 1015.
세존께서는 그때
비구 승가를 앞에 두고
사자가 숲에서 울부짖듯이
비구들에게 법을 설하셨다네.

Sn. 1016.
아지따는 보았다네.
태양처럼 빛나고
보름날 만월(滿月) 같은
바르게 깨친 분을

Sn. 1017.
상호를 빠짐없이 갖춘
몸을 보고 한쪽에 서서
털이 곤두서는 희열을 느끼면서
그는 마음으로 질문을 했다네.

Sn. 1018.

(바와리의) 출생에 대하여 말해보세요.

가문에 대하여 말해보세요

몸의 특징을 말해보세요.

베다에 통달했는지 말해보세요

(바와리) 바라문은 몇이나 가르치나요?

Sn. 1019.

그이 나이는 120살이고

가문은 '바와리'다.

몸에는 세 가지 특징이 있고

세 가지 베다에 통달했다.

Sn. 1020.

그는 관상과 역사에 정통(精通)하고

어휘론(語彙論)과 의궤론(儀軌論)에 정통했으며

500명을 가르치고

정법(正法)에 통달했다.

Sn. 1021.
갈애를 끊어버린 최상의 인간이시여!
저희들이 의심하지 않도록
바와리의 몸의 특징을
살펴보고 말해주소서.

Sn. 1022.
그는 혀로 얼굴을 덮으며
눈썹 사이에는 털이 있다.
음부(陰部)는 말처럼 숨겨져 있다.
청년이여, 이와 같이 알도록 하라!

Sn. 1023.
어떤 질문도 듣지 않고서
질문에 답변하는 말씀을 듣고
모든 사람은 경외심에 휩싸여
합장을 하고 생각했다네.

Sn. 1024.

이분은 천신(天神)이나 범천(梵天)이거나
쑤자(Sujā)의 남편인 인드라가 아닐까?
마음속으로 질문한 물음에
어떻게 이렇게 대답하실까?

Sn. 1025.

머리와 머리 쪼개는 것에 대해
바와리가 물었습니다.
세존이시여, 그것을 알려주소서.
선인(仙人)의 의심을 없애주소서.

Sn. 1026.

'무명(無明)이 머리'라는 것을 알아야 한다.
확신을 가지고 주의집중하고
삼매에 들어 의욕적으로 정진하여
얻은 깨달음[明]이 머리를 쪼갠 것이다.

Sn. 1027.
그러자 바라문청년은
큰 감동을 받고 마음이 확고해져서
사슴 가죽옷을 한쪽 어깨에 걸치고
두 발에 머리 조아려 예배했다네.

Sn. 1028.
존자님! 바와리 바라문이 제자들과 함께,
행복한 마음으로 기쁨에 넘쳐
존자님께 예배합니다.
눈뜨신 분이시여!

Sn. 1029.
바와리 바라문은
제자들과 함께 행복하기를!
바라문청년이여!
그대도 행복하고 장수(長壽)하기를!

Sn. 1030.
바와리와 그대 그리고 모든 사람의
모든 의혹 질문하기 허락하나니
그대들이 마음으로 원하는 것을
무엇이든 나에게 묻도록 하라!

Sn. 1031.
바르게 깨친 분이 허락하시자
아지따는 앉아서 합장을 하고
그곳에서 맨 먼저
여래에게 질문을 했다네.

2

아지따마나와뿟차
Ajitamāṇavapucchā

●

바라문청년
아지따의 질문

Sn. 1032.

아지따 존자가 말하기를,
세간은 무엇으로 덮여 있나요?
무엇 때문에 (진실이) 보이지 않나요?
당신은 무엇을 오염(汚染)이라고 말하나요?
세간의 큰 두려움은 무엇인가요?

Sn. 1033.

세존께서 말씀하시기를, 아지따여!
세간은 무명(無明)으로 뒤덮여 있다.
탐욕과 부주의(不注意) 때문에 보이지 않는다.
나는 욕망을 오염이라고 말한다.
괴로움이 큰 두려움이다.

Sn. 1034.

아지따 존자가 말하기를,
거센 강물은 어디에나 흐릅니다.
무엇이 거센 강물 막아주나요?
거센 강물 막는 것을 알려주세요.
무엇으로 거센 강물 막을 수 있나요?

Sn. 1035.

세존께서 말씀하시기를, 아지따여!

세간에서 거센 강물은

주의집중이 그것을 막아준다.

거센 강물 막는 것을 알려주겠다.

통찰지[般若]로 그것을 막을 수 있다.

Sn. 1036.

아지따 존자가 말하기를,

(거센 강물 막는 것은) 통찰지와 주의집중이군요.

존자님께 묻습니다. 대답해주세요.

이름과 형색[名色]은 어디에서 파괴되나요?

Sn. 1037.

아지따여! 이름과 형색이

남김없이 파괴되는 곳에 대한

그대의 물음에 대답하겠다.

분별[識]이 소멸하면

여기에서 그것이 파괴된다.

Sn. 1038.

존자님! 세상에는 유학(有學) 범부(凡夫)라고
불리는 사람들이 있습니다.
그들의 행실(行實)에 대하여 묻습니다.
현자께서 저에게 말씀해주세요.

Sn. 1039.

쾌락을 갈망하면 안 된다.
마음이 산란(散亂)하면 안 된다.
비구는 일체의 법에 통달하고
주의집중하면서 유행(遊行)해야 한다.

3

떳사멧떼야마나와뿟차
Tissametteyyamāṇavapucchā

●

바라문청년
떳싸멧떼야의
질문

Sn. 1040.

띳싸멧떼야 존자가 말하기를,
세상에 행복한 자 누구인가요?
누구에게 동요가 없나요?
누가 양극단(兩極端)을 알고 중간에서
오염되지 않는 현자(賢者)인가요?
누구를 대인(大人)이라고 말하나요?
누가 탐욕을 극복했나요?

Sn. 1041.

세존께서 말씀하시기를, 멧떼야여!
쾌락의 세상에서 청정한 삶 살면서
갈애(渴愛)에서 벗어나 항상 주의집중하는
사려 깊은 행복한 비구
그에게는 동요가 없다.

Sn. 1042.

현자는 양극단을 알고
중간에 서서 오염되지 않는다.
탐욕을 극복한 그를
나는 대인(大人)이라고 말한다.

4

뿐나까마나와뿟차
Puṇṇakamāṇavapucchā

●

바라문청년
뿐나까의 질문

Sn. 1043.

뿐나까 존자가 말하기를,

갈망 없이 근본을 보시는 분께

여쭐 것이 있어서 왔습니다.

세간에서 선인들 인간들 크샤트리아들

그리고 바라문들과 범부들은

어찌하여 천신들에게 제사를 올렸나요?

세존이시여! 그것을 알고 싶어요.

그것을 저에게 알려주세요.

Sn. 1044.

세존께서 말씀하시기를, 뿐나까여!

선인이든 인간이든 크샤트리아든

바라문이든 범부든 세간에서

천신들에게 제사를 올린 자는

누구나 이 세상에 존재하기 원하면서

늙어가기 때문에 제사를 지냈다.

Sn. 1045.
뿐나까 존자가 말하기를, 세존이시여!
선인이든 인간이든 크샤트리아든
바라문이든 범부든 그 누구든
세간에서 천신들에게 제사를 올린 자는
과연 그들은 열심히 제물 올려
태어나고 늙고 죽음 극복했나요?
세존이시여! 그것을 알고 싶어요.
그것을 저에게 알려주세요.

Sn. 1046.
세존께서 말씀하시기를, 뿐나까여!
원하고 찬탄하고 간청하고 공양하는
그들은 재물에 의지하여 쾌락을 갈구한다.
존재에 대한 욕망에 사로잡혀 공양을 올리는
그들은 생사(生死)를 극복하지 못했다.

Sn. 1047.

뿐나까 존자가 말하기를,
그들이 제사를 올리고도
태어나고 늙고 죽음 극복하지 못했다면
누가 천신과 인간의 세계에서
태어나고 늙고 죽음 극복했나요?
세존이시여! 그것을 알고 싶어요.
그것을 저에게 알려주세요.

Sn. 1048.

세존께서 말씀하시기를, 뿐나까여!
세간에서 높고 낮은 모든 것을 헤아려서
세간의 어떤 것에도 동요하지 않는
고요하고 밝고 욕심 없는 사람
'그는 생사를 극복했다'고 나는 말한다.

5

멧따구마나와뿟차
Mettagūmāṇavapucchā

●

바라문청년
멧따구의 질문

Sn. 1049.

멧따구 존자가 말하기를, 세존이시여!
저는 당신을 베다에 통달한
훌륭한 수행자로 생각합니다.
그것이 어떤 것이든 세간에서
다양한 괴로움은 어떻게 생기나요?
저는 그것을 알고 싶어요.
저에게 그것을 알려주세요.

Sn. 1050.

세존께서 말씀하시기를, 멧따구여!
그대는 나에게 괴로움의 발생에 대하여 물었다.
아는 대로 그대에게 설명하리라.
그것이 어떤 것이든 세간에서
괴로움은 집착을 인연으로 생긴다.

Sn. 1051.
이를 알지 못하고 집착을 하는
어리석은 자는 계속해서 괴로움을 겪는다.
그러므로 이것을 알고 집착하지 말고
괴로움이 생기는 것을 지켜보아라!

Sn. 1052.
저희들이 물었던 것 잘 설명하셨으니
저는 다른 것을 묻겠습니다.
이제 그것을 알려주세요.
태어남과 늙음과 슬픔과 비탄의
거센 강을 현자들은 어떻게 건너가나요?
성자님! 부디 저에게 알려주세요.
이 법을 당신은 바르게 아시지요?

Sn. 1053.

세존께서 말씀하시기를, 멧따구여!
지금 여기에서 직접 체험한♦
법(法)을 그대에게 알려주겠다.
그것을 알고 전념하여 실천하면
세간에 대한 애착을 극복할 수 있다.

Sn. 1054.

대선인(大仙人)이시여!
그것을 알고 전념하여 실천하면
세간에 대한 애착을 극복할 수 있다는
최상의 가르침, 저는 너무 기쁩니다.

♦　'diṭṭhe dhamme naītihaṃ'의 번역. 'naītihaṃ'는 '남에게 전해 들은 이야기가
　아닌'의 의미인데, 여기에서는 '직접 본'으로 번역함

Sn. 1055.

세존께서 말씀하시기를, 멧따구여!
위나 아래나 사방이나 중간이나
그곳에 있는 것은 어떤 것이든
그대는 그것을 바르게 알아서
이들에 대한 기쁨과 집착
그리고 분별(分別)을 몰아내고
존재[有]에 머물지 않아야 한다.

Sn. 1056.

이와 같이 살면서 방일하지 않고
집중하며 유행하는 현명한 비구는
애착을 버림으로써 태어나서 늙어가는
슬픔과 비탄의 괴로움을 버려야 한다.

Sn. 1057.

대선인의 말씀, 저는 너무 기쁩니다.
고따마님! 집착에서 벗어남을 잘 설명했습니다.
세존이시여! 실로 당신은 괴로움을 버리셨군요.
이 법을 당신은 바르게 아시는군요.

Sn. 1058.

아마 그들도 괴로움을 버리게 될 것이니
성자님! 당신께서 항상 가르쳐 주소서.
용상(龍象)이시여! 저는 당신을 공경하오니
세존께서 저도 항상 가르쳐 주소서.

Sn. 1059.

소유하지 않고 욕유(欲有)에 대한 집착이 없는
베다에 통달한 바라문을 그대는 직접 체험해야 한다.
그는 실로 거센 강물을 건넜으며
피안에 도달하여 장애 없고 의혹 없다.

Sn. 1060.

그는 베다에 통달한 현명한 사람이다.
존재와 비존재에 대한 집착을 내버리고
갈애에서 벗어나 고요하고 욕심 없다.
'그는 생사(生死)를 극복했다'고 나는 말한다.

도따까마나와뿟차
Dhotakamāṇavapucchā

●

바라문청년
도따까의 질문

Sn. 1061.

도따까(Dhotaka) 존자가 말하기를

세존이시여! 알고 싶어요.

저에게 그것을 알려주세요.

대선인이여! 저는 당신의 말씀을 갈망합니다.

당신의 말씀 듣고 제 자신의

고요한 열반을 배우겠나이다.

Sn. 1062.

세존께서 말씀하시기를, 도따까여!

그렇다면 열심히 노력해야 한다.

이제 현자는 집중하여 듣고

자신의 고요한 열반을 배워라!

Sn. 1063.

천신과 인간의 세계에서 소유하지 않고

떠도는 바라문을 제가 뵙습니다.

두루 보시는[普眼] 당신을 공경하오니

싹까여! 의혹에서 저를 벗어나게 하소서!

Sn. 1064.
도따까여! 세간에서 의혹 있는 사람을
누구든 내가 벗어나게 할 수는 없다.
으뜸가는 가르침을 배워 알아서
그대가 거센 강을 건너가거라!

Sn. 1065.
범천(梵天)이여! 연민(憐愍)하사 제가 알 수 있도록
세속 떠나 사는[遠離] 법을 가르쳐 주소서!
저는 배운 대로 허공처럼 걸림이 없이
고요하게 집착 없이 유행하겠습니다.

Sn. 1066.
세존께서 말씀하시기를, 도따까여!
내가 그대에게 지금 여기에서
직접 체험한 평온을 설명하리라.
그것을 듣고 유행하면서
세간에 대한 애착에서 벗어나라!

Sn. 1067.
대선인이시여! 그것을 듣고 유행하면서
세간에 대한 애착에서 벗어나라는
지고(至高)의 평온에 대한 말씀 들으니
저는 너무 기쁩니다.

Sn. 1068.
세존께서 말씀하시기를, 도따까여!
위나 아래나 사방이나 중간이나 그곳에 있는 것은
어떤 것이든 그대는 그것을 바르게 알아야한다.
이것을 '집착'이라고 알고 세간에서
존재와 비존재에 대하여♦ 갈애를 만들지 말라!

♦ 'bhavābhavāya'의 번역. 존재는 존재하기를 바라는 것을 의미하고 비존재는
사라지기를 바라는 것을 의미한다.

7

우빠씨와마나와뿟차
Upasīvamāṇavapucchā

●

바라문청년
우빠씨와의 질문

Sn. 1069.

우빠씨와(Upasīva) 존자가 말하기를,

싹까여! 저는 의지하지 않고 혼자서

거대한 거친 강을 건널 수가 없습니다.

두루 보는[普眼] 분이시여! 거친 강을 건널 때

의지할 대상을 말씀해주소서.

Sn. 1070.

세존께서 말씀하시기를, 우빠씨와여!

소유하지 않고 주의집중하여 관찰하면서

'원하는 것 없음'에 의지하여 거친 강을 건너가라!

쾌락을 버리고 의혹에서 벗어나

밤낮으로 갈애의 소멸을 위해 힘쓰라!

Sn. 1071.

우빠씨와 존자가 말하기를,

일체의 쾌락에 대한 탐욕을 내려놓고

무소유(無所有)에 의지하여 다른 것을 버리고

관념에서 벗어난 최상의 해탈자는

그곳에서 (욕망을) 쫓지 않고 머물 수 있나요?

Sn. 1072.

세존께서 말씀하시기를, 우빠씨와여!
일체의 쾌락에 대한 탐욕을 내려놓고
무소유(無所有)에 의지하여 다른 것을 버리고
관념에서 벗어난 최상의 해탈자는
그곳에서 (욕망을) 쫓지 않고 머물 수 있다.

Sn. 1073.

두루 보는 분이시여!
그곳에서 (욕망을) 쫓지 않고 오랜 세월 머물러
그곳에서 (번뇌가) 식어버린 해탈자
그와 같은 사람에 대한 분별[識]이 있나요?♦

♦ 'bhavetha viññāṇaṃ tathāvidhassa'의 번역. 해탈한 사람을 분별의 대상으로
삼을 수 있는가를 묻고 있다.

Sn. 1074.

세존께서 말씀하시기를, 우빠씨와여!

바람이 불어 불꽃이 꺼지면

대상이 사라져서 명칭 붙일 수 없듯이♦

이와 같이 개념체계에서 해탈한 성자는

대상이 사라져서 명칭을 붙일 수 없다.

Sn. 1075.

열반으로 돌아간 그는 존재하지 않나요?

그렇지 않으면 건강하게 영원히 존재하나요?

성자님! 부디 저에게 알려주세요.

이 법을 당신은 바르게 아시지요?

Sn. 1076.

세존께서 말씀하시기를, 우빠씨와여!

열반으로 돌아간 자에게는 서술할 말이 없다.

그것으로 그를 언급할 수 있는 말이 없다.

일체의 법이 제거되면 모든 말길[言路]도 제거된다.♦♦

♦   'attham paleti na upeti saṃkhaṃ'의 번역. 불꽃이 꺼지면 불꽃이라는 명칭이
    지시하는 대상이 사라져서 더 이상 불꽃이라는 명칭을 붙일 수 없다는 의미.

♦♦ 'sabbesu dhammesu samūhatesu samūhatā vādapathā pi sabbe'의 번역.

8

난다마나와뿟차
Nandamāṇavapucchā

●

바라문청년
난다의 질문

Sn. 1077.

난다(Nanda) 존자가 말하기를,

사람들은 '세간에 성자(聖者)들이 있다.'라고 말하는데

무엇을 가지고 이렇게 말하나요?

지식을 갖춘 자를 성자라고 말하나요?

그렇지 않으면 삶에 의해서 태어났나요?◆

Sn. 1078.

난다여! 훌륭한 사람들은 견해나 베다의 지식이나

아는 것을 가지고 성자라고 말하지 않는다.

적을 만들지 않고 고요하게 욕망 없이

유행하는 사람을 나는 '성자'라고 부른다.

◆ 'udāhu ve jīvitenaūpapanaṃ'의 번역. 성자는 많은 지식을 가진 사람을 지칭하
는 것인지, 전생에 훌륭한 삶을 산 결과 이 세상에 성자로 태어나는 것인지를
묻고 있다.

Sn. 1079.
사문이나 바라문들은 누구나
보고 들은 것으로 진실을 말하고
계행과 의례(儀禮)로 진실을 말합니다.
그들은 갖가지로 진실을 이야기하는데
세존이시여! 그들은 과연 그렇게 수행하여
태어나고 늙어 죽음 극복했나요?
세존이시여! 알고 싶어요.
저에게 그것을 알려주세요.

Sn. 1080.
세존께서 말씀하시기를, 난다여!
사문이나 바라문들은 누구나
보고 들은 것으로 진실을 말하고
계행과 의례로 진실을 말한다.
그들은 갖가지로 진실을 이야기하지만
그렇게 수행한 그들은 누구도
태어나고 늙음을 극복하지 못했다고 나는 말한다.

Sn. 1081.
난다 존자가 말하기를,
사문이나 바라문들은 누구나
보고 들은 것으로 진실을 말하고
계행과 의례로 진실을 말합니다.
그들은 갖가지로 진실을 이야기하는데
성자님! 그들이 거센 강을 건너지 못했다고 말하신다면
이제 천신과 인간의 세상에서
태어나고 늙어 죽음 극복한 자 누구인가요?
세존이시여! 알고 싶어요.
저에게 그것을 알려주세요.

Sn. 1082.

세존께서 말씀하시기를, 난다여!

나는 모든 사문과 바라문들이 태어남과 늙음에

뒤덮여 있다고 말하지 않는다.

보고 들은 것을 모두 버리고

계행과 의례를 모두 버리고

이런저런 것들을 모두 버리고

갈애를 이해하여 번뇌[漏] 없는 사람들

'그들은 거센 강을 건넜다'고 나는 말한다.

Sn. 1083.

대선인(大仙人)의 이 말씀, 저는 너무 기쁩니다.

고따마님! 집착에서 벗어남을 잘 설명했습니다.

보고 들은 것을 모두 버리고

계행과 의례를 모두 버리고

이런저런 것들을 모두 버리고

갈애를 이해하여 번뇌 없는 사람들

'그들은 거센 강을 건넜다'고 저도 말하겠습니다.

9

헤마까마나와뿟차
Hemakamāṇavapucchā

●

바라문청년
헤마까의 질문

Sn. 1084.

헤마까(Hemaka) 존자가 말하기를,

고따마의 가르침을 듣기 전에

이전에 제가 들었던 대답은

'이랬다고 하더라. 이렇게 된다더라.'

모두가 이렇게 전해 들은 말이었고

그 말은 모두가 의혹만 키웠습니다.

Sn. 1085.

저는 그런 것에 흔쾌하지 않았습니다.

성자님! 저에게 갈애 없애는 법을 알려주세요.

그것을 알고 전념하여 실천하여

세간에 대한 욕망 극복하겠나이다.

Sn. 1086.

헤마까여! 보고 듣고 생각하고 분별한

사랑스런 형색에 대한

욕망과 탐욕을 없애면

그것이 영원한 열반이다.

Sn. 1087.
이것을 아는 참사람들은
지금 여기에서 열반에 든다.
세간에 대한 욕망을 극복한
그들은 언제나 평화롭다.

10

또데야마나와뿟차
Todeyyamāṇavapucchā

●

바라문 청년
또데야의 질문

Sn. 1088.

또데야(Todeyya) 존자가 말하기를,

그에게는 쾌락이 머물지 않고

그에게는 갈애가 없고

그는 의혹을 극복했습니다.

그는 무엇에서 해탈해야 하나요?

Sn. 1089.

세존께서 말씀하시기를, 또데야여!

그에게는 쾌락이 머물지 않고

그에게는 갈애가 없고

그가 의혹을 극복했다면

그는 더 이상 해탈할 것이 없다.

Sn. 1090.

그는 갈망하지 않나요? 아니면 갈망하나요?

그는 지혜로운가요? 아니면 지혜를 얻었나요?

싹까여! 저는 성자(聖者)를 알아보고 싶어요.

두루 보는[普眼] 분이시여! 저에게 알려주세요.

Sn. 1091.

그는 갈망하지 않는다. 갈망할 수가 없다.

그는 지혜로운 것이지 지혜를 얻은 것이 아니다.

또데야여! 이와 같이 성자를 알아보아라!

그는 소유하지 않고, 욕망의 존재[欲有]를♦ 집착하지

않는다.

♦ 'kāmabhave'의 번역.

11

깝빠마나와뿟차
Kappamāṇavapucchā

●

바라문청년
깝빠의 질문

Sn. 1092.

깝빠(Kappa) 존자가 말하기를

두려운 거센 폭류(暴流) 일어났을 때

그 물 가운데 서 있는 사람들이

늙고 죽음에서 벗어날 수 있는 섬을

스승님! 저에게 알려주세요.

다음에는 이런 일을 겪지 않을

그 섬을 저에게 알려주세요.

Sn. 1093.

세존께서 말씀하시기를, 깝빠여!

두려운 거센 폭류(暴流) 일어났을 때

그 물 가운데 서 있는 사람들이

늙고 죽음에서 벗어날 수 있는 섬을

깝빠여! 그대에게 알려주리라.

Sn. 1094.
소유하지 않고 집착하지 않는 것
이것이 다음에는 겪지 않는 섬이다.
나는 그것을 늙음과 죽음이
소멸한 '열반'이라고 부른다.

Sn. 1095.
이것을 아는 참사람들은
지금 여기에서 열반에 든다.
그들은 마라에게 지배되지 않는다.
그들은 마라의 노예가 아니다.

12

자뚜깐니마나와뿟차
Jatukaṇṇimāṇavapucchā

●

바라문 청년
자뚜깐니의 질문

Sn. 1096.

자뚜깐니(Jatukaṇṇi) 존자가 말하기를

저는 쾌락에 대한 욕망이 없는 영웅에 대한 말을 듣고
거센 강을 건넌 욕망 없는 분께 묻고자 왔습니다.
모든 것을 아는 분이시여! 평온의 경지를 알려주세요!
세존이시여! 그것을 저에게 여실하게 알려주세요!

Sn. 1097.

쾌락을 정복하고 떠도시는 세존이여!
빛나는 태양이 빛으로 땅을 비추듯이
지혜 크신 분이시여! 지혜 적은 저에게
제가 그것을 알면 태어남과 죽음에서
벗어날 수 있는 법을 알려주세요!

Sn. 1098.

세존께서 말씀하시기를, 자뚜깐니여!
쾌락에 대한 탐욕을 제어(制御)하여
욕망을 떠난 것이 안온(安穩)임을 보고
어떤 것도 취하거나 버리지 말라!

Sn. 1099.

과거에 있던 것은 말려버리고
미래에는 아무것도 없게 하라!
그 중간에 어떤 것도 붙잡지 않으면
그대는 평화롭게 유행할 것이다.

Sn. 1100.

바라문이여! 이름과 형색[名色]에 대한
탐욕을 완전히 내려놓으면
죽음의 지배를 받게 만드는
번뇌[漏]들이 존재하지 않는다.

13

바드라우다마나와뿟차
Bhadrāvudhamāṇavapucchā

●

바라문청년
바드라우다의
질문

Sn. 1101.

바드라우다(Bhadrāvudha) 존자가 말하기를,

집착을 버리고 갈애를 끊고 동요하지 않고

환락을 버리고 거센 강을 건너고

해탈하여 윤회에서 벗어난 현자(賢者)께 간청합니다.

사람들은 용상(龍象)의 말씀 듣고 이곳에서 물러날 것

입니다.

Sn. 1102.

영웅이시여! 당신의 말씀을 듣기 원하는

다양한 사람들이 여러 나라에서 모였나이다.

그들이 이 법을 알 수 있도록

부디 그들에게 설명해주소서!

Sn. 1103.

세존께서 말씀하시기를, 바드라우다여!

위나 아래나 사방이나 중간이나 그곳에 있는

일체의 갈애에 대한 집착을 제어(制御)하라!

세간에서 사람들이 집착하는 것은 무엇이든

마라는 그것을 가지고 사람에게 접근한다.

Sn. 1104.
그러므로 비구는 이것을 알고 주의집중하여
죽음의 왕국에 얽매인 이 인간들을
'집착한 중생들'이라고 보고
일체의 세간에서 어떤 것도 집착하지 않아야 한다.

14

우다야마나와뿟차
Udayamāṇavapucchā

●

바라문 청년
우다야의 질문

Sn. 1105.

우다야(Udaya) 존자가 말하기를
일을 마치고 번뇌 없이 앉아서 선정에 든
일체의 법을 뛰어넘은 청정한 분께
질문이 있어서 왔습니다.
무명(無明)을 깬 구경지해탈(究境智解脫)을 알려주세요.

Sn. 1106.

세존께서 말씀하시기를, 우다야여!
쾌락에 대한 욕망과 근심
이 둘을 버리고
나태(懶怠)하지 않고
후회할 일 하지 않고

Sn. 1107.

청정한 평정심으로 주의집중하고
여법(如法)한 사유를 앞세우는 것을
무명을 깬 구경지해탈이라
나는 말한다.

Sn. 1108.

세간은 무엇이 속박하나요?
무엇이 그것을 찾아다니나요?
무엇을 버리면
'열반'이라고 하나요?

Sn. 1109.

세간은 기쁨이 속박한다.
사유(思惟)가 그것을 찾아다닌다.♦
갈애를 버리면
'열반'이라고 한다.

Sn. 1110.

어떻게 주의집중을 수행(修行)하면
분별[識]이 없어지나요?
우리는 세존께 묻고자 왔나이다.
당신의 말씀을 듣고 싶나이다.

♦ 'vitakk' assa vicāraṇā'의 번역. 중생들의 사유는 기쁨을 찾아다닌다는 의미.

Sn. 1111.

안으로든 밖으로든
느낌을 기뻐하지 않으면
이와 같이 주의집중을 수행하면
분별이 없어진다.

15

뽀쌀라마나와뿟차
Posālamāṇavapucchā

●

바라문청년
뽀쌀라의 질문

Sn. 1112.

뽀쌀라(Posāla) 존자가 말하기를,

동요하지 않고 의혹을 끊고

지난 일을 말씀하시는

일체의 법을 뛰어넘은 분께

질문이 있어서 왔습니다.

Sn. 1113.

형색[色]에 대한 관념을 멸하고♦ 일체의 몸을 버리고♦♦

안에도 밖에도 아무것도 없다고 보는 앎에 대하여

싹까님! 저는 알고 싶어요.

그런 앎은 어떻게 알게 되나요?

♦ 'vibhūtarūpasaññissa'의 번역.
♦♦ 'sabbakāyapahāyino'의 번역.

Sn. 1114.

세존께서 말씀하시기를, 뽀쌀라여!

분별[識]이 머무는 모든 곳을

여래(如來)는 직접 체험하였다.

여래는 (분별이) 머무는 곳의 끝을 알고

열심히 노력하여 도달하는 해탈을 안다.

Sn. 1115.

그는 무소유처(無所有處)의 생성을 알고

'(무소유처에 대한) 기쁨은 속박이다.'라고

이와 같이 체험지(體驗智)로써 그곳에서 관찰한다.

그 앎은 그대로 그 바라문에게 완성된다.

16

모가라자마나와뿟차
Mogharājamāṇavapucchā

●

바라문 청년
모가라자의 질문

Sn. 1116.
모가라자(Mogharāja) 존자가 말하기를,
저는 싸까님께 두 번을 물었는데
눈을 뜨신 분이시여!
당신은 제게 대답하지 않았습니다.
저는 천신이나 신선은 세 번째에는
대답한다고 들었습니다.

Sn. 1117.
이 세간도 저 세간도 범천의 세간도
천신들과 함께 저도
명성 높은 고따마님의 견해를
정확하게 알지 못하옵니다.

Sn. 1118.
모든 것을 보시는 분께
질문이 있어서 왔습니다.
세간을 어떻게 보는 사람을
죽음의 왕은 보지 못하나요?

Sn. 1119.

모가라자여! 자아가 있다고 짐작하지 말고
항상 주의집중하여 세간을 공성(空性)으로 보아라!
이와 같이 하면 죽음을 벗어난 사람이 될 것이다.
세간을 이렇게 보는 사람을 죽음의 왕은 보지 못한다.

17

삥기야마나와뿟차
Piṅgiyamāṇavapucchā

●

바라문청년
삥기야의 질문

Sn. 1120.

뻥기야(Piṅgiya) 존자가 말하기를,

저는 기력이 없고 볼품없는 늙은이입니다.

두 눈은 어둡고 귀도 불편합니다.

몽매한 가운데 생을 마치지 않고

태어남과 늙음을 버리는 법을

제가 알 수 있도록 가르쳐 주소서!

Sn. 1121.

세존께서 말씀하시기를, 뻥기야여!

보라! 방일(放逸)한 사람들은

형색[色]들 가운데서 고난을 겪으면서

형색들 가운데서 억압을 받는다.

그러므로 뻥기야여! 그대는 방일하지 말고

이후에 존재하지 않도록 형색을 버려야 한다.

Sn. 1122.

사방(四方)과 그 사이의 사방

상방(上方)과 하방(下方) 이들 시방(十方) 세계에서

보지 못하고 듣지 못하고 생각하지 못하고

알지 못하는 것이 당신에게는 아무것도 없습니다.

태어남과 늙음을 버리는 법을

제가 알 수 있도록 가르쳐 주소서!

Sn. 1123.

세존께서 말씀하시기를, 삥기야여!

갈애(愛)에 사로잡힌 사람들을 보면

불길에 휩싸여◆ 늙음에 정복된다.

그러므로 삥기야여! 그대는 방일하지 말고

이후에 존재하지 않도록 갈애를 버려야 한다.

◆ 'santāpajāte'의 번역. 원뜻은 '불이 발생한'이다.

18

빠라야나
Pārāyana

●

피안(彼岸)으로
가는 길

⊙

이 말씀은 세존께서 마가다(Magadha)의 빠싸나까 (Pāsāṇaka) 탑묘에 머무실 때, 16명의 참배(參拜) 바라문 들이 물었던 각각의 질문에 답하신 것입니다. 만약 에 각각의 질문의 의미를 이해하고 가르침을 이해하 여 가르침을 그대로 따르면 노사(老死)의 피안(彼岸)으 로 갈 수 있습니다. 이들 가르침은 피안에 이르게 하 는 것이므로, 이 법문(法門)의 이름은 '피안으로 가는 길'입니다.

Sn. 1124.

아지따(Ajita)와 띳싸멧떼야(Tissametteyya)

뿐나까(Puṇṇaka) 그리고 멧따구(Mettagū)

도따까(Dhotaka)와 우빠씨와(Upasīva)

난다(Nanda)와 헤마까(Hemaka)

Sn. 1125.

또데야(Todeyya)와 깝빠(Kappā) 두 사람

그리고 박식한 자뚜깐니(Jatukaṇṇī)

바드라우다(Bhadrāvudha)와 우다야(Udaya)

그리고 뽀쌀라(Posāla) 바라문과

총명한 모가라자(Mogharājā)와

삥기야(Piṅgiya) 대선인(大仙人)

Sn. 1126.

이들은 덕행을 구족한 선인(仙人)이신

붓다를 찾아갔다네.

이들은 거룩한 붓다를 찾아가서

훌륭한 질문을 했다네.

Sn. 1127.

붓다는 그들이 묻는 물음에

사실대로 대답했다네.

성자는 질문에 답함으로써

바라문들을 만족하게 했다네.

Sn. 1128.
눈을 뜨신 태양족 붓다의
가르침에 만족한 그들은
최상의 지혜를 갖춘 분 밑에서
청정한 범행을 수행했다네.

Sn. 1129.
각각의 물음에 대해 붓다가
가르친 그대로 따른다면
누구나 차안(此岸)에서
피안(彼岸)으로 간다네.

Sn. 1130.
차안에서 피안으로 가려면
최상의 길을 수행해야 한다네.
그 길은 피안에 이르게 한다네.
그래서 '피안으로 가는 길'이라네.

-16명의 바라문은 바와리에게 돌아갔다.♦ -

♦   본문에 없는 내용을 역자가 상황을 이해시키기 위해서 삽입함.

Sn. 1131.
삥기야 존자가 말하기를,
피안에 이르는 길 찬양하겠습니다.
청정하고 지혜 크신 분은 본 대로 말씀하셨습니다.
욕망 떠나 집착 없는 구세주(救世主)께서
거짓말 할 까닭이 무엇이겠습니까?

Sn. 1132.
먼지와 어리석음 털어버린 분의
교만과 위선을 떨쳐버린 분의
고귀한 말씀을 지금부터
제가 찬탄하겠습니다.

Sn. 1133.
어둠을 몰아내고 눈을 뜨신 붓다
일체 존재 벗어나 세간의 끝에 가신 분
일체 고뇌 떨쳐버린 번뇌 없는 분
이렇게 불러 마땅한 분
바라문이여! 저는 그분을 모시게 됐습니다.

Sn. 1134.
새가 덤불을 버리고 떠나
열매 많은 숲에서 살아가듯이
저도 소견(所見) 좁은 사람들을 버리고
백조처럼 큰 바다에 도달했습니다.

Sn. 1135.
고따마의 가르침을 듣기 전에
이전에 제가 들었던 대답은
'이랬다고 하더라. 이렇게 된다더라.'
모두가 이렇게 전해 들은 말이었고
그 말은 모두가 의혹만 키웠습니다.

Sn. 1136.
홀로 어둠을 몰아내고 앉아서
온 세상에 빛을 비추는 거룩하신
고따마는 광대한 지혜와
광대한 지식을 지녔습니다.

Sn. 1137.
그분은 지금 여기에서 볼 수 있는
갈애를 소멸하는 확실한 법을
저에게 가르쳐 주셨습니다.
그분에 비할 사람은 어디에도 없습니다.

Sn. 1138.
삥기야여! 그대는
광대한 지혜와 광대한 지식을 지닌
고따마로부터 잠시라도
떨어져서 지낼 수 있는가?

Sn. 1139.
그분이 지금 여기에서 볼 수 있는
갈애를 소멸하는 확실한 법을
그대에게 가르쳐주었단 말인가?
그분에 비할 사람은 어디에도 없단 말인가?

Sn. 1140.
바라문이여! 저는
광대한 지혜와 광대한 지식을 지닌
고따마로부터 잠시라도
떨어져서 지낼 수 없습니다.

Sn. 1141.
그분은 지금 여기에서 볼 수 있는
갈애를 소멸하는 확실한 법을
저에게 가르쳐 주셨습니다.
그분에 비할 사람은 어디에도 없습니다.

Sn. 1142.
바라문이여! 낮이나 밤이나 방심하지 않고
저는 마음의 눈으로 그분을 보고 있습니다.
저는 그분을 예경(禮敬)하면서 밤을 보냅니다.
그래서 결코 떨어져서 지낸다고 생각하지 않습니다.

Sn. 1143.
믿음과 기쁨 그리고 주의집중한 마음은
고따마의 가르침에서 떠나지 않습니다.
지혜 크신 분이 어느 방향으로 가시든
저는 그 방향으로 향하고 있습니다.

Sn. 1144.
저는 늙어서 기력이 없습니다.
그래서 몸은 가지 못하지만
생각은 항상 그곳으로 갑니다.
바라문이여! 제 마음은 그분과 함께합니다.

Sn. 1145.
진흙탕에 누워서 허우적거리며
이 섬 저 섬을 떠돌다가
거센 강을 건넌 번뇌 없는 분
바르게 깨친 분을 보았습니다.

Sn. 1146.

왁깔리(Vakkali)와 바드라우다(Bhadrāvudha)
그리고 알라위-고따마(Āḷavi-Gotama)가
믿음으로 해탈했듯이
그대도 믿음으로 해탈할지어다.
삥기야여! 그대는 죽음의 왕국의 피안에 갈 것이다.

Sn. 1147.

성자님의 말씀을 듣고
저는 더욱 굳게 믿게 되었습니다.
당신은 장막을 걷고 황무지를 없앤
지혜로운 등정각(等正覺)입니다.

Sn. 1148.

천신(天神)을 뛰어넘어 높고 낮은
모든 것을 체험하여 아시는 스승님은
의심하는 바를 알고
질문을 해결하셨습니다.

Sn. 1149.

정복되지 않고 동요하지 않는 경지에
그 어떤 것도 비교할 수 없는 경지에
도달할 것을 저는 의심하지 않습니다.
이와 같이 확신에 찬 제 마음을 아소서!

피안으로 가는 길

숫따니빠따
Sutta-Nipāta

ⓒ 이중표, 2023

2023년 8월 23일 초판 1쇄 발행
2024년 10월 25일 초판 2쇄 발행

역주 이중표
발행인 박상근(至弘) • 편집인 류지호 • 편집이사 양동민
책임편집 김소영 • 편집 김재호, 양민호, 최호승, 하다해, 정유리 • 디자인 쿠담디자인
제작 김명환 • 마케팅 김대현, 이선호 • 관리 윤정안
콘텐츠국 유권준, 김대우, 김희준
펴낸 곳 불광출판사 (03169) 서울시 종로구 사직로10길 17 인왕빌딩 301호
　　　　대표전화 02) 420-3200 편집부 02) 420-3300 팩시밀리 02) 420-3400
　　　　출판등록 제300-2009-130호(1979. 10. 10.)

ISBN 979-11-92997-67-4 (02220)

값 30,000원